你真的

高效会议的四个关键

会开会吗

任康磊——著

人民邮电出版社

北　京

图书在版编目（CIP）数据

你真的会开会吗？ ：高效会议的四个关键 / 任康磊
著. —— 北京 ：人民邮电出版社，2023.6
ISBN 978-7-115-60189-6

Ⅰ．①你… Ⅱ．①任… Ⅲ．①会议－组织管理学
Ⅳ．①C931.47

中国版本图书馆CIP数据核字(2022)第189219号

内 容 提 要

本书主要讲解小团队管理者高效开会的实战方法论，以实际场景和应对策略为
背景，介绍小团队管理者在召开会议过程中经常遇到的问题、用到的工具和应用的
方法。

本书分为6章，主要包括高效筹划会议的方法、会议开始前应做的全面准备、会
议进行中需要实施的强力保障、会议结束后需要落实的工作、不同内容形式的会议
应如何开、不同属性需求的会议应如何开等内容。

本书采取图解的形式，通俗易懂，贴近实战，且工具和方法丰富，适合企业各
级管理者、各类团队管理者、创业者、中小企业主、管理咨询师、人力资源管理各
级从业人员、培训师/培训工作从业者、管理类相关专业在校生参考阅读。

◆ 著 任康磊
　　责任编辑 马 霞
　　责任印制 周昇亮

◆ 人民邮电出版社出版发行　　北京市丰台区成寿寺路 11 号
　　邮编　100164　　电子邮件　315@ptpress.com.cn
　　网址　https://www.ptpress.com.cn
　　北京虎彩文化传播有限公司印刷

◆ 开本：880×1230　1/32
　　印张：7.25　　　　　　　2023 年 6 月第 1 版
　　字数：139 千字　　　　　2024 年 12 月北京第 7 次印刷

定价：59.80 元

读者服务热线：(010)81055296　印装质量热线：(010)81055316
反盗版热线：(010)81055315
广告经营许可证：京东市监广登字 20170147 号

瑞士的一家机构 Doodle 曾对美国、英国、德国和瑞士超过 6 500 名专业人士的 1 900 万次会议做了调查研究。结果显示，美国没有组织到位的会议造成了 3 990 亿美元的损失；德国、英国和瑞士的损失数字分别是 736 亿美元、581 亿美元和 331 亿美元。

根据 Doodle 的调查结果：

44% 的人认为，效果不佳的会议挤占了自己的工作时间；

43% 的人认为，会议的结论不清晰，最终导致混乱；

38% 的人认为，会议已经偏离了最初的目标；

31% 的人认为，会议因为不重要的与会者而进展缓慢；

26% 的人认为，会议的低效，直接影响到了与客户和供应商的关系。

会议在全世界各地的各类组织中每天都在召开，低效的会议也同样在各类组织中时常出现，影响着团队的沟通效率，让参会的员工苦不堪言。常开会的人，多少都经历过一些低效会议。

有人的地方，就会有沟通，而会议又是一种常见的群体沟通形式。既然会议是必需品，那么应该如何高效开会呢？一些世界著名公司的开会方法，能给我们提供借鉴。

1. 谷歌公司如何开会

根据曾任谷歌公司（Google Inc.）副总裁的玛丽萨·迈耶（Marissa Mayer）的描述，谷歌为了高效开会，是这么做的。

（1）开小会。

迈耶喜欢用大量小块的时间开针对特定问题的小会，而不是把问题集中在一起开大会。这样既可以及时解决问题，又有一定的灵活性。这一点也表现在迈耶的日常沟通中，她更喜欢用 5 ~ 10 分钟和员工谈话，而不是 30 分钟的长谈。

（2）会前明确议程。

谷歌的会议一定会有明确的议程，包括会议的大致内容，每项内容需耗费的大致时间，同时保持会议的灵活性。

（3）充分运用数据。

谷歌强调会议中一切要用客观数据说话，一切决策都应有量化数据支持，而不是以个人喜好来发表主观想法。

（4）注重会议纪要。

谷歌开会时会用很多投影，除了展示当前的会议内容外，还有一个投影专门展示当前的会议纪要，有时候还会用专门的投影显示会议计时。会议纪要可以明确会议输出，让未参与会议的人也能快速了解会议。

2. 亚马逊公司如何开会

根据日本亚马逊创始成员佐藤将之（Masayuki Sato）的介绍，

亚马逊为了高效开会，会这样做。

（1）只开必要的会。

亚马逊信奉"能不开会就不开会，能一对一交流就一对一交流"的原则，尽可能减少会议时间，增加有针对性的一对一交流，让员工有更多时间去工作。

（2）高质量会议资料。

在亚马逊，开会禁止使用 PPT，而是采用一种结构化备忘录的工具。

亚马逊创始人贝索斯（Jeff Bezos）曾经在内部邮件中说："希望用 4 页备忘录来代替 PPT。我们要的不仅仅是一段文字，而是一段结构清晰、叙述清楚的文字。如果有人只是在 Word 中用项目符号罗列了一些短句，这和 PPT 一样糟糕。"

亚马逊的会议资料主要就是会议前要准备的 4 ~ 6 页的备忘录。

（3）提前阅读。

亚马逊在会议前 20 分钟左右，会让大家一起安静地阅读这 4 ~ 6 页的备忘录。20 分钟后，再讨论备忘录的内容，最终得出结论。

（4）会议落实。

亚马逊的会议最后，会议主持人会用 3 个 W 和所有参会者达成共识，3 个 W 分别是 who（谁），what（做什么），when（在什么时间做完）。

3. 苹果公司如何开会

根据苹果公司（Apple Inc.）创始人、原苹果公司 CEO（首席执行官）史蒂夫·乔布斯（Steve Jobs）的介绍，苹果公司为了高效开会，会这样做。

（1）缩小会议规模。

苹果公司只开对公司有价值的会议，同时只让有必要参会的人参与会议，与会议无关的人一律不参会。

（2）赋予参会人员职责。

苹果公司每项会议的议程都有相应的负责人，确保每一个参与会议的人都要在会议中担任某种职责，并提前告知。

（3）禁用 PPT。

乔布斯认为会议应当精简议程，会议的重点不在于陈述展示，而是要讨论和参与，把问题搞清楚。乔布斯认为完成这些并不需要做 PPT。

4. 麦肯锡公司如何开会

根据麦肯锡（McKinsey & Company）前合伙人卡罗琳·韦布（Caroline Webb）的介绍，麦肯锡为了高效开会，会这样做。

（1）精简会议数量。

麦肯锡同样认为会议数量越少越好，通过精简会议数量，不仅能让团队的工作更高效，而且能促进团队内部合作。

（2）重视表达方式。

有时候会议中枯燥的发言很容易让人听不进去。麦肯锡鼓励将发言结构化、分段化，并加入一些生活化的比喻或案例，让表达要点更生动。

（3）确保会议价值。

麦肯锡不仅要确保会议的导向是有价值的，而且要确保会议的过程是有价值的。如果会议中出现浪费时间的情况，主持人会及时制止或引导。

（4）最终得出结论。

麦肯锡强调会议要得出适当的结论，要有结果和输出。为了得到结果，会议不能偏离初衷，不能偏离议程。

笔者在做管理咨询的过程中，发现很多小团队管理者不懂如何开会，将大量时间耗费在无效的会议上。

针对很多小团队管理者不懂如何高效开会，笔者总结了自己曾经帮助某公司提升会议效率的过程，形成了本书。根据开会时经常出现的实际问题及其解决方案，笔者总结了实战中上手简单、实用方便又能落地的各类方法和工具。

为便于读者快速阅读、理解、记忆并应用，本书对问题场景、实用工具介绍和工作相关的应用解析全部采用图解的形式呈现。

祝读者朋友们能够学以致用，更好地学习和工作。

本书若有不足之处，欢迎读者朋友们批评指正。

● 本书特色

1. 通俗易懂，上手迅速

本书采取图解的形式，通过对工具和方法的解构，保证读者能够看得懂、学得会、用得上，让读者以最快的速度掌握小团队高效开会的关键要务。

2. 内容丰富，实操性强

本书包含小团队高效开会中能够用到的各类工具和方法，将这些工具和方法图形化、可视化、流程化、步骤化，且注明实战中的注意事项，让读者一目了然。

3. 立足实践，解析详尽

本书以小团队高效开会实战中的各类实际场景为背景，通过实际问题引出实战工具，通过对实战工具的充分解析，让读者不仅知其然，更知其所以然。

● 本书读者对象

企业各级管理者；

各类团队管理者；

创业者；

中小企业主；

管理咨询师；

人力资源管理各级从业人员；

培训师／培训工作从业者；

管理类相关专业在校生。

本书背景

1 我们公司的开会效率很低，尤其是管理层，几乎每天都在开会，却没见工作有落实。

祥麟公司总经理
徐俊成

2 你既然已经知道问题所在，没有刻意管控过这个问题吗？

本书作者
任康磊

3 管了呀，我已经强调多次开会要高效，可没见情况有改善。

4 你们的问题是大家不会开会，"开会要高效"是个愿景，只说这个，没有具体该怎么做，大家还是不会开会啊。

5 有道理，这么说起来我也不是很清楚高效开会具体该怎么做……

6 开会是团队管理者必备的技能之一，接下来我们就一起探讨一下，团队管理者应该如何开好会议。

背景介绍

一个团队开会的水平能够反映出这个团队的管理水平。祥麟公司总经理徐俊成遇到团队开会效率低的问题，根本原因是团队管理者没有掌握高效开会的正确方法。本书借徐俊成和作者任康磊的咨询对话，系统地介绍团队管理者高效开会的方法。

目录

02
会议开始前的全面准备　　033

03
会议进行中的强力保障　　065

01

高效会议筹划

💎 本章背景

1 快告诉我该如何高效开会吧，我们太需要这项技能了。

2 别急，高效开会是个系统的技能，咱们一项一项说。

3 好的，先从哪里开始呢？

4 先从开会前要进行的会议筹划工作开始吧。

5 这个我懂，会议筹划就是会议开始前的准备工作是吧？

6 筹划是会议开始前的工作，但不是会议开始前的准备工作，两者的含义是不一样的。

背景介绍

召开会议前，团队管理者首先要进行会议筹划。会议筹划不同于会议开始前的准备工作，它是对是否有必要召开会议的探讨，是对会议的诉求、目标、时间、地点、形式、人员、经费等的筹划。

1.1　什么情况应该开会

　　会议管理的第一步不是研讨应该如何召开会议，而是探讨有没有必要召开会议。召开会议的成本是很高的。一般来说，但凡有更好的解决问题的方式，能不通过会议解决问题，应尽量不通过会议解决问题。

1.1.1 谨慎开会：让会议产生最大效益

问题场景

1 会议筹划具体都需要做什么呢？

2 开会前，首先要探讨有没有开会的必要。

3 有没有开会的必要？既然都准备开会了，当然有开会的必要了。

4 思考有没有开会的必要是在准备开会之前的动作，开会不一定是解决问题的唯一方法呀。

5 也就是说，我们应该先思考能不能通过开会解决问题是吧？

6 没错，会议的成本是比较高的，可以不通过开会解决问题的，尽量不通过会议解决。

问题拆解

　　会议筹划的第一步是确定开会的必要性。很多时候，会议并不是解决问题的最佳方式。当存在效率更高、成本更低的解决问题的形式时，则没必要开会。只有当会议是解决问题的最优选择时，才适合开会。

方法工具

工具介绍

会议

会议是一种群体沟通和交流形式，通常具有如下 3 个特征。

（1）会议需要两人以上参与，一对一的交流一般不属于会议。

（2）参会人员可以不处在同一空间，但一般需要在同一时间参与会议。

（3）会议通常是基于某种目的召开，有某种目标，能够起到某种作用。

会议常见的 6 个作用

让团队内部形成信息对称、消息透明的局面。每个员工输出需要别人了解的信息，输入其有必要了解的信息。

明确统一目标和方向，通过会议让团队内部就某工作的做法达成共识，让团队形成统一的思想，并制订相应的计划。

团队管理者为团队成员分配工作，尤其是团队成员的工作相互关联、需要相互配合时，同时还可以监控工作进展情况。

统一思想 2
分配工作 3
互通信息 1
群体智慧 4
交流学习 6
群体激励 5

会议可以用来交流先进经验，学习最佳实践，提高团队成员的知识和技能，提升团队成员的整体素质。

通过会议表彰先进员工，提升士气；评价不好的事物，避免团队出现类似情况，对群体形成正负激励。

集思广益，利用群体智慧拓宽思路，研讨和解决问题，产生很多不同维度的想法，收集好的创意点子，并在讨论后聚焦形成某种决策。

应用解析

适合开会的典型的 9 种情况

团队管理者有信息想要传达给多名团队成员时

团队管理者想要同时了解多名员工的工作进度时

多名员工需要了解彼此的工作而进行工作汇报时

团队管理者期望多名员工共同参与解决某问题时

团队管理者期望获得群体的信息或建议时

团队管理者期望借助多名员工的智慧做集体决策时

团队管理者想要表彰某员工的先进事迹做群体激励时

团队管理者想传授群体不具备的知识、技能或经验时

某事项需要跨部门的多人协作、协商、协调解决时

小贴士

　　会议不能说开就开，最好在适合开会的情况下再考虑开会。召开会议前，应思考如下问题：真有开会的必要吗？能不能不开会解决问题？是否存在更高效的解决问题方式？能不能简化会议？能不能减少参与者？能不能减少会议频率？会议能不能合并？

1.1.2　会议需求：开会条件的判断准则

问题场景

1. 当确定适合开会之后，我们就可以召开会议了吧？

2. 适合开会不代表具备开会的条件，在准备召开会议前，要盘点当前是否具备开会的条件。

3. 盘点是否具备开会的条件是什么意思？

4. 是否适合开会，评估的是开会的必要性。盘点开会的条件，评估的是开会的有效性。

5. 都可以从哪些维度判断是否具备开会的条件呢？

6. 可以从目的性、谁参与、想时间、选形式、盘资源和定输出6个维度来评估。

问题拆解

　　适合开会和能够有效开会是两个概念。某种情况适合开会，不代表该情况下能有效开会。召开会议前，要通过适不适合开会，判断开会的必要性；通过盘点是否具备开会的条件，判断开会的有效性。

方法工具

工具介绍

开会前需要问的 6 类问题

召开会议前，可以问 6 类问题，包括开会的目的、谁参与会议、开会的时间、会议的形式、开会的资源和会议的输出。

通常情况下，只有当以上 6 类问题都能被有效回答时，举办会议的有效性才能得到保障。这 6 类问题中有任何一类问题无法回答或不明确时，开会的有效性都要存疑。

开会前需要问的 6 类问题

想要达成的目的是什么？
会议的诉求是什么？
会议的目标是什么？

都有谁需要参加会议？
这些人必须全部参加吗？
哪些人可以不参加会议？

什么时间开会最合适？
会议持续多久比较合适？
每项议程适合持续多久？

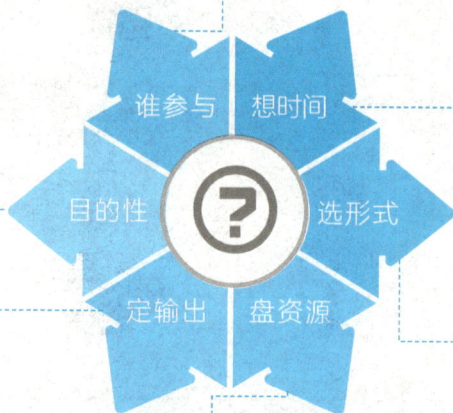

谁参与　想时间
目的性　？　选形式
定输出　盘资源

会议需要输出什么？
如何确保会议获得这些输出？
如何辨识输出达到预期？

现在具备开会的基本资源吗？
当前开会的成本和收益如何？
如何最小成本高效举办会议？

可以采取的会议形式有哪些？
成本最低的会议形式是什么？
效率最高的会议形式是什么？

应用解析

常见不适合开会的 9 种情况

开会并不是解决问题的最优方法

待召开的会议没有明确的诉求或目标

惯性召开的例会却没有实质内容的

开会的成本代价已经超过会议收益

会议中涉及隐私或保密等不适合公开的信息

会议所讨论的问题是明确已知且无法改变的

参会人员之间存在矛盾需要时间调和

个别沟通比集体沟通更容易解决问题

不具备开会需要的基本条件和资源

小贴士

　　当遇到不适合开会的情况时，代表不具备开会的必要性。这时候适合通过别的方式解决问题。例如采取正式或非正式的一对一沟通。很多著名的公司为了提高效率，都在尽可能减少召开会议的次数。

1.1.3　成功要素：高效的会议该怎么开

问题场景

1 我觉得我们之前开的会，有的不好，有的还行。

2 "还行"是什么意思？评价一个会议质量的用词中，怎么会用"还行"这个词？

3 "还行"就是会议基本达到要求了，基本有效。

4 达到要求就是达到要求，没达要求就是没达到要求；有效就是有效，无效就是无效。

5 这么说起来，好像是这样。怎么保证会议高效呢？

6 高效的会议，要把会议中的每个要素都做对。

问题拆解

　　《哈佛商业评论》中曾经有句话："任何会议都是要么富有成效，要么纯粹浪费时间，二者必居其一。"也就是说，一场会议要么有效，要么无效，不存在模棱两可的灰色地带。要保证会议高效，就要把组成会议的要素全部做对。

方法工具

工具介绍

高效会议的 8 个要素

开会就像是篮球运动员投篮，任何一个动作细节出问题，都可能导致篮球无法投入篮筐。高效的会议需要组成会议的每个要素都是正确的，任何一个要素出问题，都可能让会议变得无效。要成功召开会议，相关的要素有 8 个，分别是目标、议程、人员、形式、时间、地点、制度、结果。

高效会议的 8 个要素

每个会议都应有明确的目标。与会议目标对应的，是会议的诉求和主题。

议程是承接会议主题、实现会议目标的基本流程，包括会议包含的内容，每项内容的持续时间和相关人员等。

会议中有很多角色，例如组织人、主持人、发言人、投票人、决策人、执行人、记录人和督导人。

会议的形式有很多，例如远程会议和线下会议。根据会议的需要和诉求，选择适合的会议形式。

目标	议程	人员	形式
时间	地点	制度	结果

会议的召开时间、会议的持续时间，都会影响会议的效率。

会议的召开地点、会议室的布置，会影响会议的实施。

制度包括会议的纪律、违反会议纪律该如何应对，以及会议制度的保障。

结果包括会议结果有没有得到落实，有没有相应的评估，有没有达到预期的目标。

应用解析

低效会议在 8 个要素上的常见表现

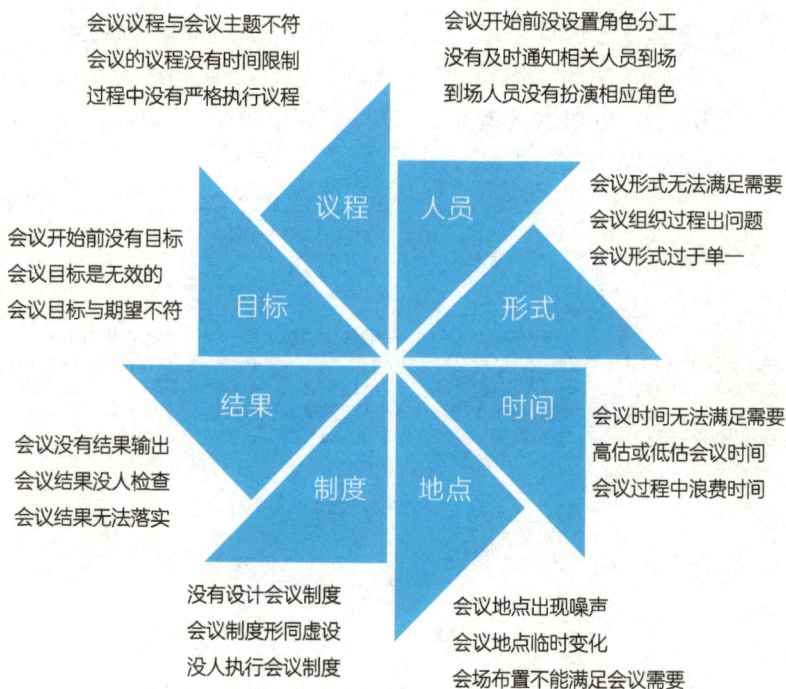

会议议程与会议主题不符
会议的议程没有时间限制
过程中没有严格执行议程

会议开始前没设置角色分工
没有及时通知相关人员到场
到场人员没有扮演相应角色

会议开始前没有目标
会议目标是无效的
会议目标与期望不符

议程　人员

会议形式无法满足需要
会议组织过程出问题
会议形式过于单一

目标　形式

结果　时间

会议没有结果输出
会议结果没人检查
会议结果无法落实

制度　地点

会议时间无法满足需要
高估或低估会议时间
会议过程中浪费时间

没有设计会议制度
会议制度形同虚设
没人执行会议制度

会议地点出现噪声
会议地点临时变化
会场布置不能满足会议需要

小贴士

　　成功的会议需要以上 8 个要素共同作用。当以上 8 个要素全部做好时，会议的质量通常能够得以保证。这 8 个要素中的任何一个做不好，都可能导致会议失败。本书后续内容将围绕以上 8 个要素展开。

1.2 保证会议达成目标

在《爱丽丝梦游仙境》中有这样一段经典的对话。

爱丽丝问："我该走哪条路呢？"

猫说："那要看你想去哪里？"

爱丽丝说："去哪儿无所谓。"

猫说："那你走哪条路也就无所谓了。"

会议没有目标和方向，就如同随波逐流的爱丽丝，在梦境中漫无目的地走着，不知道自己未来要去哪里。

1.2.1 会议目标：导向结果有始有终

问题场景

1 我发现我的团队会议经常没结果，常常开会到最后忘了一开始为什么要开这个会……

2 也许是没有提前想好会议目的，没有会议目标。你们平时是如何设计会议目标的呢？

3 我们最常见的会议目标，是保证会后把会议中布置的工作做好。

4 这显然是一个无效的目标……什么叫"做好"？如何判断"做好"？

5 这个……做好就是做好呗……

6 做好要有一个明确的标准，标准明确了，才能最终判断是否达成目标。

问题拆解

　　一个人没有目标很可怕，一群人没有目标更可怕。如果一场会议没有目标，相当于一群人在浪费时间。会议目标不仅是"有没有"的问题，更是"有没有效"的问题。无效的会议目标等于没有目标。

方法工具

工具介绍

会议目标的 SMART 原则

目标是为了承载和达成某个结果而存在的。目标不能随意设定，设定目标时，需要遵循 SMART 原则，分别是具体的（specific）、可以衡量的（measurable）、可以达到的（attainable）、具备相关性的（relevant）、有明确截止期限的（time-bound）。

SMART 原则的含义示意图

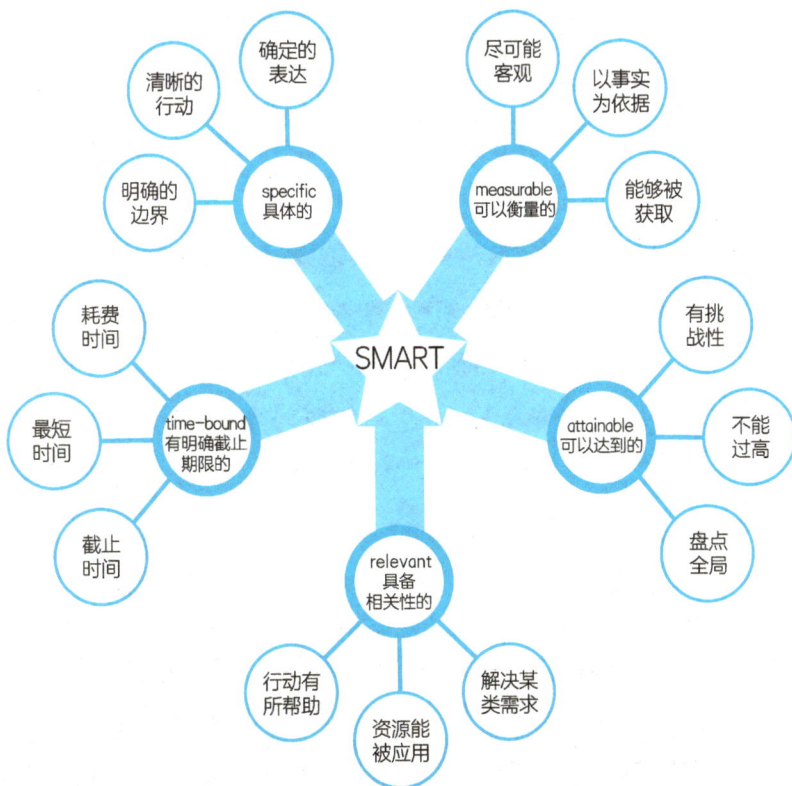

应用解析

SMART 原则检验表

原则	序号	对应问题	判断
具体的 （specific）	1	目标是否有确定的表达？	□是 □否
	2	目标是否导向清晰的行动？	□是 □否
	3	目标是否表达出了明确的边界？	□是 □否
可衡量的 （measurable）	4	目标是否是客观的？	□是 □否
	5	目标是否以事实为依据？	□是 □否
	6	目标能否被有效获取？	□是 □否
可以达到的 （attainable）	7	目标是否具有挑战性？	□是 □否
	8	目标是否现实，有可能达成？	□是 □否
	9	目标是否考虑了当下所有情况？	□是 □否
与其他目标具有 一定的相关性 （relevant）	10	目标是否有足够的价值或意义？	□是 □否
	11	达成目标需要的资源是否能够被获取或应用？	□是 □否
	12	目标相关的行动是否对达成目标有所帮助？	□是 □否
有时间限制的 （time-bounce）	13	目标的时间限制是否足够明确？	□是 □否
	14	目标所用时间是否为当前能达到的最短时间？	□是 □否
	15	完成目标是否有明确的截止时间？	□是 □否

小贴士

当有了某一目标时，可以用 SMART 原则检验表来检验目标是否符合 SMART 原则。当 SMART 原则检验表中的所有项都为"是"时，代表这个目标完全符合 SMART 原则，是一个合格的目标。假如 SMART 原则检验表中的某一项为"否"，则应当重新审视该目标，重新定义目标。

1.2.2 会议主题：帮助会议实现诉求

问题场景

1 我觉得会议主题和会议目标是一回事。

2 不是一回事。会议主题来源于会议目标，是为会议目标服务的。可不可以举一个你们编制会议主题的例子呢？

3 比方说我们最近开的一个会，主题是"如何有效管理员工"。

4 这个主题未免也太模糊了吧？我猜你们这个会议最终应该没得到多少有价值的结论。

5 确实是……为什么说这个主题模糊呢？

6 这显然是一个比较宏观的主题。如何判断"有效"？"管理"具体指的是什么？这些问题没有界定。

问题拆解

会议主题和会议目标是两回事，会议主题来源于会议目标，服务于会议目标，是为了会议达成目标而存在的。会议主题可以理解为会议过程中的话题。会议主题应当明确、精准、聚焦，不能过于模糊或宏大。

方法工具

工具介绍

会议主题

会议主题指的是会议中需要商讨和研究的内容。会议主题需要在会议开始前明确。会议没有主题就像是航海中没有指南针。

会议主题服务于会议目标，是基于会议目标制定的。例如，会议目标是研讨出某问题的解决方案，并形成决议，会议主题就需要围绕该问题的解决方案展开。

设计会议主题要明确的 4 类问题

为什么要召开这个会议？
召开会议的诉求是什么？
召开会议的目的是什么？

这个会议主题可以达到目的吗？
会议主题聚焦于达成会议结果吗？
会议主题和会议诉求间有什么关系？

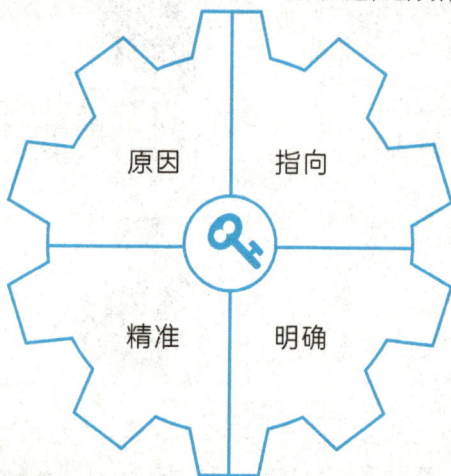

原因 指向

精准 明确

这个会议主题足够精准吗？
会议主题能解决特定的问题吗？
会议主题能有效引出会议成果吗？

这个会议主题具体明确吗？
根据主题能判断会议的输出吗？
会议主题是否让人一目了然？

应用解析

会议主题常见问题

如果某个会议没有主题，则会议很容易变成一场没有意义的群体聊天。会议结束后没有成果，没有输出，问题依然没有得到解决。

主题模糊或无效的会议同样难以解决问题，难以落地和取得成效。例如，某会议主题是"如何提高领导力"，这个主题比较模糊，很难通过一场会议获得有效的输出。

主题
无效

没有
主题

主题
不符

主题
过多

过犹不及，会议的主题过多和没有主题一样糟糕。当一场会议主题过多时，必然造成参与会议的人员增加，造成会议成本增加，沟通效率降低。

会议主题并不能达成会议的诉求。例如，会议期望解决的问题是当前缺少员工的规章制度，但会议的主题却是在探讨规章制度的重要性，而不是如何编制员工规章制度。

小贴士

一场会议最好只有一个主题，这样可以集中时间、人员和资源高效地解决问题。一场会议的主题最好不要超过 3 个。超过 3 个主题的会议可能出现抓不住重点的问题，反而可能降低会议效率，达不到会议的预期效果。

1.2.3 会议角色：参会人员职责分工

🔒 问题场景

1 我们团队很多人参加会议，都不知道自己在会议中该做什么，就只是被动地"听会"。

2 你有没有在开会前说清楚每个人的角色和职责呢？

3 没有……这个问题看起来怪我……

4 这种情况完全可以在会议筹划阶段就避免的。

5 我该怎么做呢？

6 可以事先给会议中的人划分角色，盘点所有参会人员的角色和相应职责，并提前告知。

问题拆解

　　参加会议的每个人，必然在会议中担任着某个角色和某种职责，如果不提前告知，则全要靠参会人员自己理解。团队管理者在召开会议前，可以事先盘点参会人员的角色。这种会议角色的盘点同时也有助于会议高效达成目标。

方法工具

工具介绍

参会人员的角色

每场会议都有相应的参会人员，不仅如此。基于参会人员参与会议的必要性，每个参会人员必然担任着某种角色。开会前，通过盘点参会人员的角色和职责，既能确保会议中参会人员的完整性和必要性，也能确保会议的有效性。

参会人员的常见角色有 8 个，分别是组织人、主持人、发言人、投票人、决策人、执行人、记录人和督导人。参与会议的 8 个角色不一定需要是不同的人，一个人可以肩负多个角色。

参会人员的 8 个角色

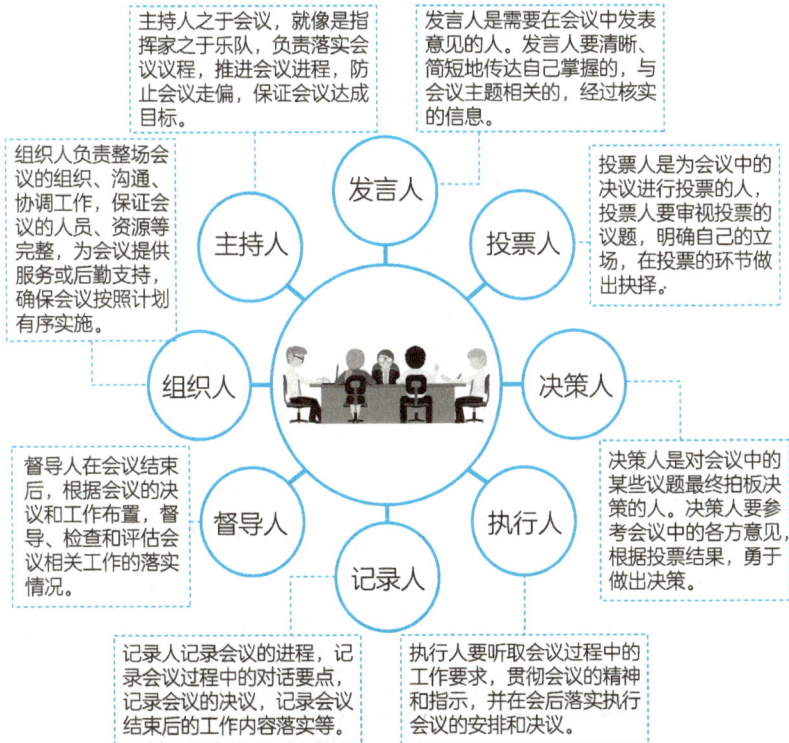

主持人之于会议，就像是指挥家之于乐队，负责落实会议议程，推进会议进程，防止会议走偏，保证会议达成目标。

发言人是需要在会议中发表意见的人。发言人要清晰、简短地传达自己掌握的，与会议主题相关的，经过核实的信息。

组织人负责整场会议的组织、沟通、协调工作，保证会议的人员、资源等完整，为会议提供服务或后勤支持，确保会议按照计划有序实施。

投票人是为会议中的决议进行投票的人，投票人要审视投票的议题，明确自己的立场，在投票的环节做出抉择。

督导人在会议结束后，根据会议的决议和工作布置，督导、检查和评估会议相关工作的落实情况。

决策人是对会议中的某些议题最终拍板决策的人。决策人要参考会议中的各方意见，根据投票结果，勇于做出决策。

记录人记录会议的进程，记录会议过程中的对话要点，记录会议的决议，记录会议结束后的工作内容落实等。

执行人要听取会议过程中的工作要求，贯彻会议的精神和指示，并在会后落实执行会议的安排和决议。

发言人
投票人
主持人
决策人
组织人
执行人
督导人
记录人

应用解析

参会角色常见的 8 类问题

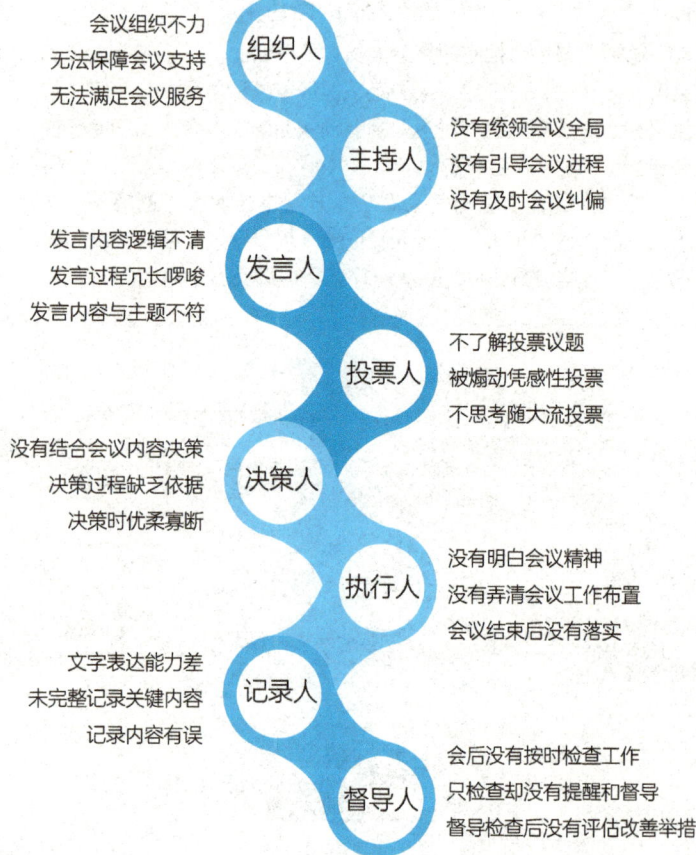

会议组织不力
无法保障会议支持
无法满足会议服务

组织人

主持人
没有统领会议全局
没有引导会议进程
没有及时会议纠偏

发言内容逻辑不清
发言过程冗长啰唆
发言内容与主题不符

发言人

投票人
不了解投票议题
被煽动凭感性投票
不思考随大流投票

没有结合会议内容决策
决策过程缺乏依据
决策时优柔寡断

决策人

执行人
没有明白会议精神
没有弄清会议工作布置
会议结束后没有落实

文字表达能力差
未完整记录关键内容
记录内容有误

记录人

督导人
会后没有按时检查工作
只检查却没有提醒和督导
督导检查后没有评估改善举措

小贴士

当参加会议的人过多时，会让会议的成本增加，既可能增加会议的时间，又可能降低会议的沟通效率，还可能增加会议的管控难度，最终可能导致会议难以达成目标。因此，在能够满足会议必需角色的前提下，参与会议的人越精简越好。

1.3 会议"时""地""费"的筹划

高效的会议讲究"天时、地利"。会议管理中的"天时"指的是举行会议的时间以及会议持续的时间；"地利"指的是举办会议的地点和空间。除此之外，还要考虑举办会议的成本和收益。

1.3.1 会议时间：什么时间开会最高效

问题场景

① 我发现临近中午和下班后的会议往往效果不好。

② 这是人之常情，午餐前人们容易饥饿，下班后人们着急回家，很难把心思放在会议上。

③ 看来会议不是什么时间开都可以，高效的会议对开会的时间有一定要求。

④ 没错，一般来说，选择参会人员状态比较好的时候开会，会议效果更佳。

⑤ 关于开会持续的时间，有什么标准吗？

⑥ 一般参与人数越少、频率越高的会议，时间应当越短；参与人数越多，频率越低的会议，时间可以拉长。

问题拆解

　　员工处在饥饿、疲倦、焦躁的状态下往往是开不好会的。这些状态往往发生在临近午餐前、用完午餐后和晚上下班后。有些会议的开始时间和计划没问题，却没掌握好会议的持续时间，将会议拖到不适合开会的时间，则可能不利于达成会议目标。

方法工具

工具介绍

适合开会的时间段

适合开会的时间通常具备两个特点，第一个特点是具备某种功能性的会议有特定的时间要求，例如朝会和夕会，第二个特点是员工的头脑比较清醒，不容易受到干扰；不适合开会的时间是指在该时间段内，员工会受到某种情绪和思想的干扰，不容易把精力用在开会上。

适合开会的时间段主要有 4 个，分别是刚上班时、上午、午休后和下班前。

适合开会的 4 个时间段

清晨刚上班的时候，通常头脑比较清醒，这时候比较适合召开朝会。但需要注意，晨会的持续时间不宜过长，5～10分钟为宜，过程中不要长篇大论，主要是确保员工知道自己当天要做什么。

上午上班后员工进入工作状态，且头脑清醒，比较适合开会。但要注意会议持续时间别靠近午餐，一般安排在9～11点为宜。人过了上午11点容易出现饥饿感，可能心思不会放在开会上。

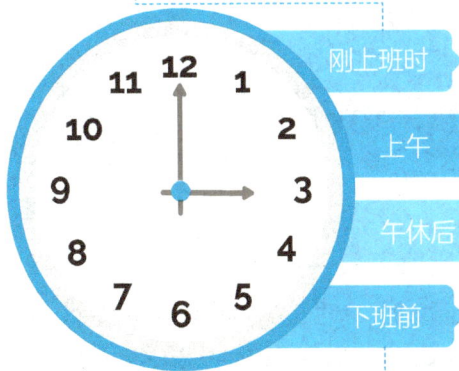

刚上班时

上午

午休后

下班前

晚上下班前比较适合开夕会，夕会的时间建议控制在15分钟左右，一般可以比朝会的时间长一点。假如有一些工作需要补充，或者对一些工作不满，也可以在夕会上提出。但要注意，别占用员工下班时间开会，可能引起员工反感，适得其反。

中午12点到下午1点半是人的疲惫期。在午休过后，员工消除了饥饿感和疲惫感，类似早晨刚上班的状态，是头脑相对比较清醒、体力相对比较充足的时候。这种状态的持续时间一般在下午2～4点期间。

应用解析

会议持续时间参考

每天召开一次的会议	每周召开一次的会议	每月召开一次的会议
半小时以内	2小时以内	4小时以内

每季度召开一次的会议	每年召开一次的会议	临时的全员参与会议
8小时以内	16小时以内	8小时以内

临时的非全员参与会议

4小时以内

小贴士

以上会议时间为经验数据，仅供参考，应以实际需求为准。

会议时间绝不是越长越好，设计会议时间的总体原则是用最少的时间达成会议目标。

解决问题的会议跟时间长度没有直接的关系，跟前期准备有很大关系。会议前期准备得越充分，会议效率越高，会议效果越好。与其把时间浪费在会议过程中，不如把时间放在会议准备上。

1.3.2 会议地点：哪些地点开会最合适

🔒 问题场景

1 之前我喜欢在自己办公室里开会，但发现会议很容易被打断，不是被座机来电打断，就是被到办公室找我的人打断。

2 也许你以后开会该选择一个更适合的会议地点，不然会影响会议效果。

3 在哪里开会比较合适呢？

4 可以找一个比较安静、不容易被打扰、还隔音的空间。

5 对于有外部人员参与的会议，我该怎么选择会议地点呢？

6 如果是有外部人员参与的会议，会议地点应方便外部人员，必要时可以征求外部人员的意见。

问题拆解

　　会议地点和会议时间一样影响着会议质量，团队管理者在选择会议地点时要充分考量。一般来说，安静、免打扰、隔音是选择会议地点的基本要求。除此之外，还要综合考虑会议性质、会议成本和会议需求。

方法工具

工具介绍

会议地点

无论是什么类型的会议，选择开会地点都是一项重要的工作。团队管理者在选择会议地点时，除了考虑会议的需求、目的、时间长短等因素外，还要考虑 4 个要素：空间匹配、环境噪声、位移距离和成本考量。

选择会议地点的 4 个要素

会议室的空间大小要和参会人数匹配。如果会议室的空间过大、人数少，则可能显得气氛尴尬，而且说话回音较大，影响交流；如果会议室的空间过小，人数多，则容易让人烦闷，焦躁不悦。

会场应当环境安静、相对独立、隔音好、噪声小。一方面是为了方便会议中的内部交流通畅无打扰，另一方面也是为了避免会议产生的声音影响其他员工的正常工作，或导致会议内容泄密。

空间匹配

环境噪声

位移距离

成本考量

会场的选择最好不要离参会人员的工作场所太远，最好在走路或开车30分钟内能到达的距离，让会议可以低成本、高效率地开展。会场离参会人员的工作地点越远，参会人员为了参加会议需要付出的时间成本就越高。

如果选择外部的会议室，要考虑会议室的成本和会议预期收益。如果会议比较重要，预期的收益能够承担成本较高的会议室，则可以选择；如果会议的预期收益并不能承担较高成本的会议室，则不应选择。

应用解析

常见 4 类会议的地点选择

团队的常规性会议一般在团队内部的会议室举行，好处是成本较低，效率较高，可以实现快速沟通交流后，快速回到工作岗位。

商务洽谈会议的地点选择应站在来宾的角度考虑，要考虑到来宾的方便，考虑到接待来宾的商务礼仪，给来宾创造最佳的参会体验。

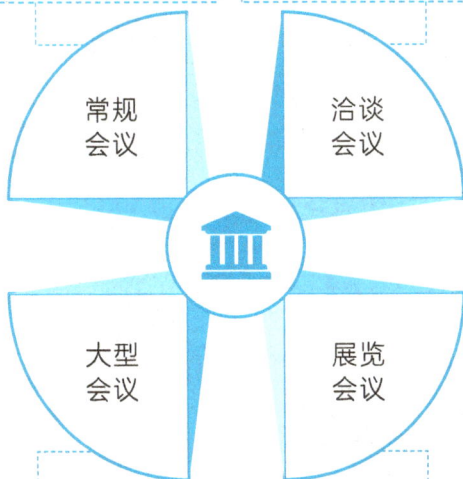

常规会议

洽谈会议

大型会议

展览会议

类似年会这类参会人数比较多，包含文艺汇演、休闲娱乐或优秀表彰内容的会议，可以选择在硬件设备齐全、办会经验比较丰富的酒店。

外界参会人数较少的小型展览会可以在团队内举办，外界参会人数较多的展览会因为要接待大量来宾或客户，考虑到交通、住宿和环境，可以在外部场地举办。

小贴士

有的团队管理者喜欢随时随地开会。实际上，当人数较少时，随时随地交流能提高沟通效率。但对于需要有准备、有计划的多人会议，很多时候不适合随时随地。

1.3.3 会议成本：会议投资回报最大化

🔒 **问题场景**

1 前几天看报表，发现会议费用越来越高，效益却不见提高，感觉越来越"开不起"会了。

2 会议的成本确实是很高的，不仅包括会议直接的成本，还有很多财务不统计或无法计算的成本。

3 财务无法计算的成本是什么？

4 就是那些隐性却切实存在的成本，例如机会成本，这类成本很容易被我们忽略。

5 我越来越发现，一个团队开会的效率，也决定了团队的经营管理效率。

6 没错，考虑到会议的成本和会议的投资回报率，我们对开会的态度应更谨慎。

问题拆解

　　会议在财务上体现为成本消耗。但会议也会带来收益，当会议的成本大于或等于会议的收益时，代表会议得不偿失，是组织损失；当会议的成本小于会议的收益时，代表会议取得了效益。团队管理者召开会议时，要关注会议的成本和带来收益的关系。本节主要介绍会议成本，之后的章节将介绍会议收益。

方法工具

工具介绍

会议成本

每场会议都有成本。会议成本包括两个部分，一部分是显性成本，一部分是隐性成本。显性成本是能够在财务上计算出来的成本；隐性成本是难以在财务上计算出来却切实存在的成本。综合考虑所有显性成本和隐性成本后，一场会议的全部成本可以分成 4 个部分，计算公式如下：

会议成本 = 直接成本 + 人工成本 + 时间成本 + 机会成本

会议成本的组成

直接成本是组织会议需要的物资、租赁、交通等产生的显性成本，一般包括场地租赁费、设施设备费、文件复印费、资料费、交通费、茶水费、服务费、餐饮住宿费等的成本。直接成本是做会议预算最常用的成本。

人工成本是参会人员在参加会议期间消耗的人力资源费用。需要注意的是，这里的人力资源费用不仅包括参会人员的工资，还包括参会人员的社会保险、公积金、职工教育经费等组织为用工支付的全部费用之和。

直接成本　人工成本　机会成本　时间成本

机会成本是因为开会占用了参会人员的时间，参会人员利用这段时间可能创造更大价值的成本，例如没开会可以谈下一个大客户；或因为参加会议，给参会人员的工作造成某种损失的成本，例如因为开会损失了一个客户。

时间成本不仅包括准备会议的工作人员消耗时间的人工成本，还包括参会人员因为要参与会议、等候会议而消耗的所有时间的人工成本。一场会议消耗的时间不仅是会议时间，还包括会议前后的时间。

应用解析

会议直接成本经费预算表

类别	费用项目	单价	数量	小计
会议资料	会议手册			
	会议签字笔、纸			
	证书/牌匾			
	嘉宾证、代表证、工作人员证			
会议布置	大（小）会议室			
	横幅、座位牌、主席台等			
交通住宿	飞机票/高铁票			
	接待用车/出租车			
	住宿费			
餐饮费	午餐费			
	晚宴			
	会议矿泉水			
	会议茶歇：点心、咖啡、水果等			
会议礼品	会议伴手礼/定制礼品			
其他杂项	……			
总计				

小贴士

一个团队召开会议的效率，在一定程度上决定了组织的竞争优势。优秀的组织不一定召开的会议少，而是懂得压缩每场会议的成本，提高每场会议的效益，让会议不仅有效，而且高效。失败的组织不一定召开的会议多，而是存在大量会议成本大于收益、浪费组织时间的情况。

02

会议开始前的
全面准备

本章背景

1 做好了会议筹划，会议的前期准备就非常充分了。

2 还不够充分，会议筹划是会议准备前的环节。在会议正式开始前，还有很多准备工作要做。

3 都要做哪些准备工作呢？

4 可以从会议计划准备、会议主持准备和会议组织准备3个维度入手。

5 这些准备工作我全部让员工来做就可以吧。

6 事务型的准备工作也许可以，但管理型的准备工作需要你亲自参与。

背景介绍

凡事预则立，不预则废。要保证会议有效运行，在召开会议前，需要做好会议的充足准备。召开会议前，除了确定会议目标、会议时间、会议地点、会议费用外，还要提前设计会议流程，选好会议主持人，做好会议的组织准备工作。

2.1 会议计划准备

有计划的会议和没有计划的会议常常是效率截然不同的两种状态。会议计划准备主要包括 3 个部分，第一部分是会议整体方案策划，第二部分是会议议程设计，第三部分是参会人员选择和签到管理。

2.1.1 方案策划：高效会议前的准备

问题场景

1 之前开会的时候，常常出现一些本该预料到的疏漏。很多问题其实是可以提前想到的。

2 这很可能是会议前的方案策划环节没做好。

3 会议方案策划都需要包含什么呢？一些简单的会议有必要做吗？

4 会议方案可以包含会议相关的所有事项。简单的会议也应该有会议方案。

5 我们很多会议召开前也会做方案，但犯过的错误却常常还是继续犯。

6 对出现过的问题可以做好备忘，为下次会议前的方案策划提供参考和提醒。

问题拆解

会议运行过程中的很多问题，都可以在会议方案策划环节提前发现和避免。会议方案策划包含会议准备的整个过程。在会议方案策划环节，对之前会议中出现过的问题，可以形成备忘，为之后举办会议形成方案做参考。

方法工具

工具介绍

会议方案

　　会议方案是在召开会议前制定的保证会议顺利开始和结束的方案。会议方案包含了召开会议相关的方方面面。关于开会能想到的相关事项，都可以体现在会议方案中。

　　会议方案可以包含的内容很广泛，可以有会议目的、会议目标、会议主题、会议内容、中心思想、会议任务、会议时间、会议地点、会议形式、会议设备、参会人员、会议议程、会议期限、主持人、责任人、注意事项等相关内容。

会议方案包含的 5 类关键内容

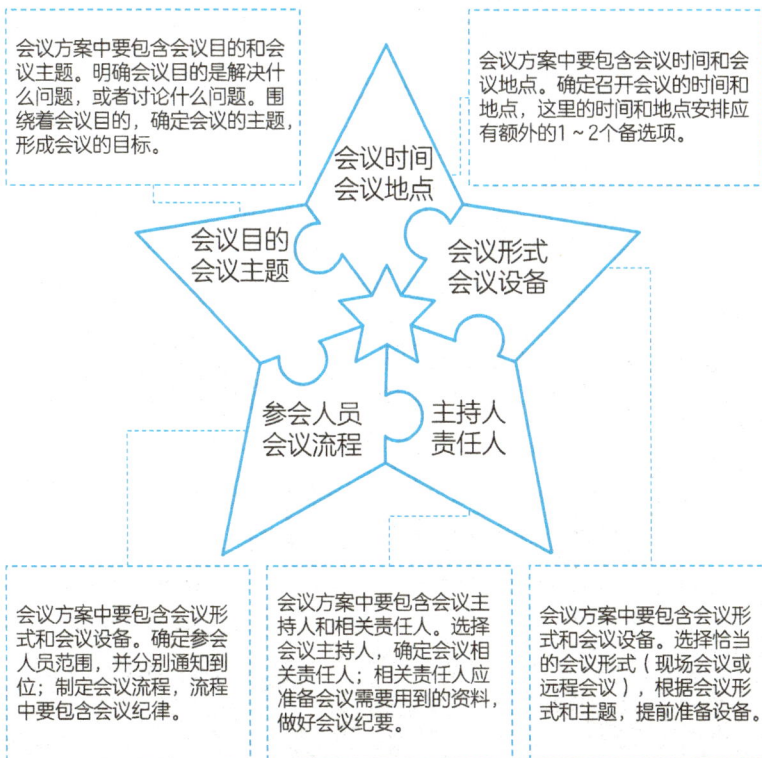

会议方案中要包含会议目的和会议主题。明确会议目的是解决什么问题，或者讨论什么问题。围绕着会议目的，确定会议的主题，形成会议的目标。

会议方案中要包含会议时间和会议地点。确定召开会议的时间和地点，这里的时间和地点安排应有额外的 1~2 个备选项。

会议时间
会议地点

会议目的
会议主题

会议形式
会议设备

参会人员
会议流程

主持人
责任人

会议方案中要包含会议形式和会议设备。确定参会人员范围，并分别通知到位；制定会议流程，流程中要包含会议纪律。

会议方案中要包含会议主持人和相关责任人。选择会议主持人，确定会议相关责任人；相关责任人应准备会议需要用到的资料，做好会议纪要。

会议方案中要包含会议形式和会议设备。选择恰当的会议形式（现场会议或远程会议），根据会议形式和主题，提前准备设备。

应用解析

会议方案的 5W1H

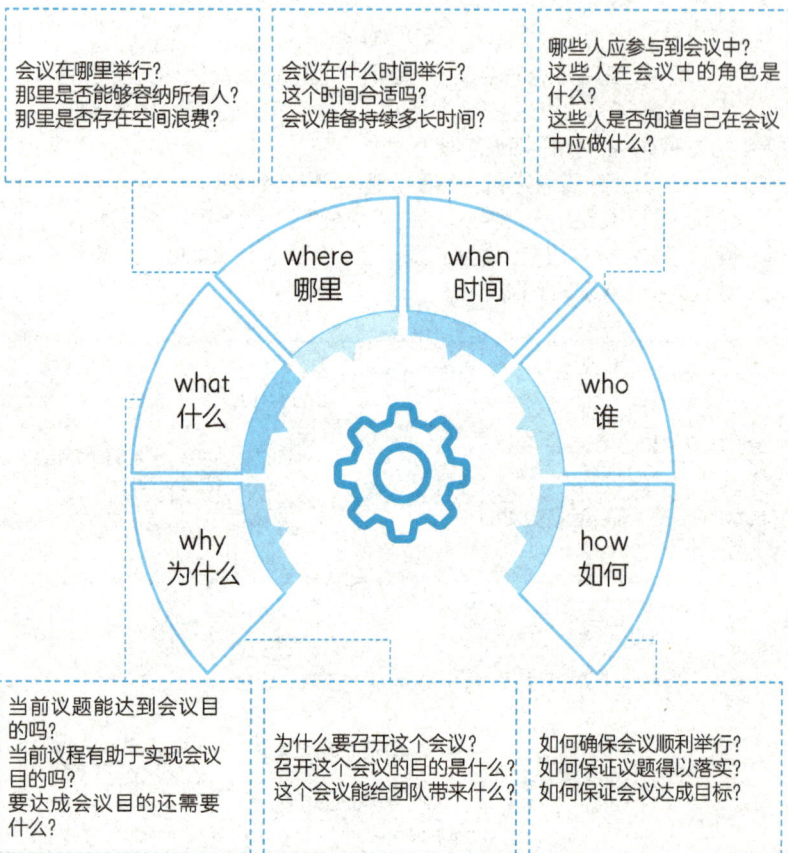

会议在哪里举行？
那里是否能够容纳所有人？
那里是否存在空间浪费？

会议在什么时间举行？
这个时间合适吗？
会议准备持续多长时间？

哪些人应参与到会议中？
这些人在会议中的角色是什么？
这些人是否知道自己在会议中应做什么？

```
where        when
哪里         时间

what                  who
什么                  谁

why                   how
为什么                如何
```

当前议题能达到会议目的吗？
当前议程有助于实现会议目的吗？
要达成会议目的还需要什么？

为什么要召开这个会议？
召开这个会议的目的是什么？
这个会议能给团队带来什么？

如何确保会议顺利举行？
如何保证议题得以落实？
如何保证会议达成目标？

小贴士

会议开始前，可以立足于"5W1H"制定方案，进行事先的计划准备。5W1H 指的分别是 why（为什么）、what（什么）、where（哪里）、when（时间）、who（谁）、how（如何）6 个维度。分别从这 6 个维度提出问题，查漏补缺式地发现问题，有助于更全面地制定会议方案。

2.1.2　开会议程：高效议程如何设计

问题场景

1 我们经常出现开会超时的情况。

2 是议程的每个环节都超时，还是只有某几个环节超时？

3 我们开会的议程都是列出几个项目，议程中的每个项目都不预计时间，只预计会议的总时间。

4 如果不做好会议每个环节的时间分配计划，会议最终的时间必然很难把握。

NO!

5 那我以后在议程中加入每个环节的时间。

6 加入时间后，还要加入每个环节的要求和责任人员，并提前发给所有参会人员，然后在会后评估具体是哪个环节出了问题。

问题拆解

　　开会议程中的每个环节都应设置相应的计划时间。这样做一是可以培养时间观念，二是便于评估会议时间分配，找到时间消耗规律，便于以后做会议时间安排、分配和控制，确保会议高效运行。每个环节除了分配时间外，还要有对应要求和相关责任人员。

方法工具 🔑

工具介绍

会议流程

会议流程，简称议程，指的是会议的运行过程，包括会议的开始和结束时间、发言的顺序和时间、每个时间段的主题或内容、每个主题或内容的具体要求、会议得出结论的方式、会议每个阶段的负责人等。

会议流程要提前发给所有的参会人员，让参会人员提前有所准备。

会议运行过程中，所有参会人员都要按照会议流程要求进行。

会议流程包含的 4 个关键

会议流程要将会议计划的开始时间和结束时间拆分成不同的时间段，明确不同时间段的议程内容。

会议中的不同时间段有不同的会议主题，不同的主题对应着不同的会议内容。这些会议内容既代表会议包括不同的环节，也代表参会人员需要实施不同的行动。

1 时间

2 主题

4 人员

3 要求

每个会议主题内容都有对应的负责人。除此之外，还可以根据主题内容安排相应的发言人、参与人或协助人等角色。

每个时间段的会议主题都要有对应的要求。会议正式运行时，应以这个要求为标准运行该环节。

应用解析

议程举例

时间	主题/内容	要求	负责人
9:15～9:30	签到	所有参会人员到场后签到	会务组小王
9:30～9:45	会议开场	会议要求	主持人小李
9:45～10:30	A问题的研讨	所有参会人员发言 每人5分钟	主持人小李
10:30～10:45	休息	期间不得离开主会场	会务组小王
10:45～11:30	B问题的研讨	所有参会人员发言 每人5分钟	主持人小李
11:30～11:45	总结A问题和B问题 的研讨结论	所有参会人员可随时发表 异议	主持人小李
11:45～12:00	形成会议决议并形成 具体行动方案	根据研讨内容得出的 行动方案要可执行、可实施、 有时间限制、有责任人	团队管理者 胡慧

小贴士

　　要有效把握会议进度，会议主持人要敢于提醒和打断长时间、无重点的发言，善于引导发言时间短、内容少的发言人，从整体上把握会议的时间。如果会议主持人这方面的能力较弱，团队管理者在会议中的角色就比较关键。

2.1.3　人员签到：让对的人参与会议

问题场景

1 我总觉得我们开会的人员经常出问题，常常开了一半会，发现该参会的人没参会，不该参会的人反而来了不少。

2 这是会议前的参会人员筛选没做好，没有锁定对的人。

3 我以前总觉得参与会议的人越多越好，这样可以让团队信息对称。

4 信息对称和成本收益，孰轻孰重呢？有没有成本更低、效率更高的信息对称方法呢？

5 我明白了，不能为了信息对称牺牲效率。召开会议前，还是要检验参会人员的完整性和必要性。

6 要让未参会人员了解会议信息，只需要会后向特定人员公开会议中的关键信息或重点信息即可。

问题拆解

　　参加会议的人不是越多越好，也不是越少越好，而是让应该参加会议的人参加会议，不应该参加会议的人则不必参加。如果管控有问题，会议中经常可能出现参会人员缺乏针对性和完整性的情况。想让更多人了解会议信息，可以在会后向特定人员发送会议纪要中的相关信息。

方法工具

工具介绍

参会人员选择

选择参会人员时，应本着精简的原则，让有必要参与会议的人参加会议，可参加可不参加会议的人视情况参与，没必要参加会议的人则不应出现在会议中。选择参会人员可以遵循 5 条基本原则：相关、目的、权威、正向和决策。

选择参会人员的 5 点原则

每一个参会人员都要和会议有一定的相关性，在一定程度上与会议有所关联，与会议不相关的人员不应参加会议。

每个参会人员都应有一定的目的或目标。如果某个参会人员参加会议时没有目的或目标，则可能代表该参会人员不需要参与会议。

目的

相关　权威

决策　正向

参会人员中要包含能就会议讨论主题得出结论、做决策的人。如果只有讨论人，没有决策人，则会议最终可能难以形成结果。

参会人员对会议的影响应当是正向的，对会议召开的过程和意义有正面效果。尽量不邀请不理解会议诉求、对会议持反对态度的人员。

参会人员中要包含了解会议主题相关领域的专业权威，以防会议偏离专业方向，不能全是不了解情况的人或"外行"。

应用解析

会议签到样表

时间:
地点:
主持人:

姓名	部门	签到时间	姓名	部门	签到时间

备注:

小贴士

　　会议管理人员应当至少提前 45 分钟到场，提前 20 分钟将会场布置到位。要在会议开始前做好会议的签到工作。线下的会议签到一般应在会场门口进行，与会人员在进入会场前完成签到，会议过程中有资料需要提前申领的，可以在签到时申领；线上会议签到一般通过手机完成。为强化会议管理，可以规定不签到等于没有参加会议。

2.2 会议主持准备

会议主持人是推动会议进程的向导，是把握会议节奏的控制人。一场会议能不能顺利有序开展，能不能达到预期效果，能不能发挥应有价值，会议主持人起着至关重要的作用。如果会议没有主持人或主持人没有起到应有作用，不仅会议可能难以开展，而且可能导致会议偏离主题，以致会议无效。

2.2.1 最佳人选：什么人适合做会议主持

🔒 问题场景

1 有时候我们开会前把一切都规划得挺好的，可正式开会后却没有按照预期进展，总是频频出问题。

2 这很可能是会议主持人没有把控好整个会议的节奏，没有正确地引导会议进程。

3 原来是这样！我之前从来都没有重视过会议主持人这个角色，很多会议都不设置会议主持人。

4 会议主持人在一场会议中非常关键，不能缺少，每次开会之前要提前选好。

5 那以后我要亲自把控会议的目的和主题，亲自做好会议主持人这个角色！

6 会议主持人不一定每次都由你亲自担任，让员工担任会议主持人也是对其能力的一种锻炼。

问题拆解

在会议开始前的准备环节，除了做好议程和组织方面的准备外，还要选好会议主持人，把控会议节奏。团队管理者不必亲自担任会议主持人，可以试着跳出会议，整体把控会议的准备和运行，担任监督、指导的角色。

方法工具

工具介绍

会议主持人

每场会议都要有会议主持人。会议主持人要按照议程，统筹管理好会议，做好会议的推进和控制工作。会议主持人的能力决定了会议的质量和效率。优秀的会议主持人能够让会议顺利稳步进行。

会议主持人的人选可以有4类：团队管理者亲自担任、团队成员轮值、会议主题相关人员担任和专业主持人担任。

常见4类会议主持人

亲自担任

团队管理者如果愿意，可以担任团队内任何会议的主持人。对于团队中比较宏观、全局、战略类相关主题的会议，比如战略研讨会或经营业绩回顾会，尤其适合由团队管理者亲自担任会议主持人。

成员轮值

担任会议主持人可以锻炼人的综合能力，让团队成员担任会议主持人也是一种人才培养方式。团队管理者可以让团队成员轮值担任主持人，或者找团队内的优秀员工担任主持人，来锻炼团队成员的能力。

相关人员

对于解决某类具体问题的会议，可以让与会议主题相关人担任主持人。会议主持人和会议主题之间的关联性大，有利于推进会议进程。对于传达和学习某类信息的会议，比如产品推介会，宜由对该信息比较了解的人主持会议。

专业人员

对于年会、节日会、庆功会等庆典类会议，尤其是包含文艺汇演环节的会议，可以请外部专业的主持人担任。但外部专业的主持人不适合担任团队工作类会议、专业类会议、涉密类会议等内部会议的主持工作。

应用解析

会议主持人的 4 类工作

会议开始后，会议主持人要根据议程逐项推进，该发言的发言，该表决的表决，该讨论的讨论。同样，不该发言的人不要发言，不该表决的就不要发表意见，不该讨论的就不要讨论，以免占用会议时间，影响议程。

在出现发言偏离方向、发言超过时间、偏离会议主题、该发言却不愿意发言或发言内容少等情况时，会议主持人要及时做出引导。引导要有礼貌，尽可能用善意提醒的方式。

推进

引导

开场

总结

会议一开始，会议主持人要做一个开场白。接着，要介绍会议的意义、会议期望取得的价值、会议要解决的问题、会议期望的输出、会议的议程、参会人员等，然后进入正式会议的环节。

会议主持人不仅要在会议过程中总结每个发言者发言内容的精髓，而且要确保会议结束后形成会议纪要，明确会后待完成的工作事项、责任人和截止时间，确保会后每项工作可追踪、可检查、可落实。

小贴士

不同的会议主持人也许有独特的个人风格，这种个人风格有时候可以成为一种个人魅力在会议中展现。但要注意，会议主持人是服务于会议的，主持人的个人风格不能大于会议需求，不能因为自己的风格而喧宾夺主。

2.2.2 统筹推进：会议主持人需要做什么

问题场景

1. 我们经常会遇到这样的情况：会议应该讨论A问题，结果讨论中出现了B问题，后来又多了C问题……最后什么问题也没解决。

2. 这是会议主持人的职责没履行好，没做好该做的。

3. 遇到这种情况会议主持人应该怎么办呢？

4. 既然会议是聚焦于讨论A问题，那就全程只讨论这一个问题，不要讨论别的问题。

5. 会议运行过程中临时出现的问题要怎么处理呢？

6. 可以先记录下来，作为以后会议的主题，或者会议后的一项工作。

问题拆解

会议主持人要处理偏离会议进程的问题，确保会议按照预定的计划进行。会议中遇到突发状况或出现新的问题，可以作为会后工作处理。要做好会议主持人的角色，就要深刻理解和完成会议主持人的职责。

方法工具

工具介绍

会议主持人的工作职责

会议主持人有六大职责：营造氛围、推进议程、控制时间、协调发言、异常处置和反馈总结。

另外，要保障会议成果，会议主持人还要做好 5 项关键工作：确保会议形成决议，形成会议后的工作内容，保证每项工作有责任人，让每项工作有时间期限，确认每项工作的跟踪评估方式。

会议主持人角色的六大职责

会议有了计划和议程之后，会议主持人要根据计划，持续推进会议的议程。在没有状况变化的情况下，应严格按照议程运行。

每场会议都有基调，都有适合该会议的氛围。会议主持人要在会议开始前，根据会议的基调，营造出适合会议的氛围。

会议主持人要根据计划控制会议时间。当发现某项议程实际运行时间较长，或某参会人员发言冗长占用过多时间时，要及时处理。

- 推进议程
- 营造氛围
- 控制时间
- 反馈总结
- 协调发言
- 异常处置

会议主持人要对会议中各方的发言给予反馈，并总结每个发言人的发言要点；要协助形成会议结论，协助完成会议纪要和工作落实前的准备。

会议主持人要做好会议的协调工作，保障议程中各发言人按照顺序发言。对于需要多方发言的讨论类会议，要鼓励各参会人员发表自己的看法。

对于会议过程中的各类突发状况，会议主持人要第一时间处理。原则是在发生非人身财产类突发状况时，及时妥善处置，尽量不影响会议进程。

应用解析

会议主持人保障会议成果的 5 项关键

对于需要形成决议的会议，如果管控不到位，很容易最后没有结果。会议主持人要确保会议最终能够形成决议，确保会议的输出。

会议中如果形成待完成的工作内容，要确保工作内容清晰明确，要有与工作内容对应的行动方案，最好有具体的行动指引。

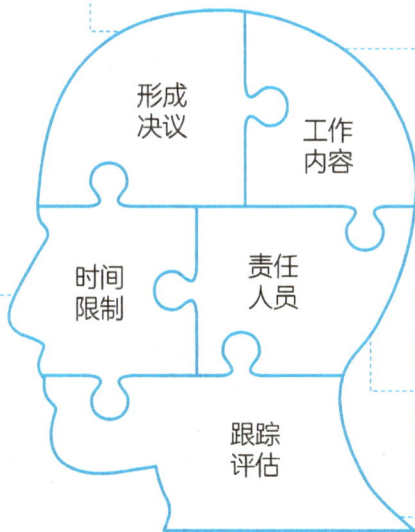

形成决议

工作内容

时间限制

责任人员

跟踪评估

每项工作内容都要明确由谁来负责，责任人员不一定是一个人，可能是多个人，会议主持人要明确责任人的数量和责任大小。

会议形成的每项待完成的工作都要有时间限制。这不仅是为了增加责任人员的紧迫感，也能为接下来的跟踪评估提供依据。

明确每项工作的跟踪方法和评估方法，对责任人后续工作的跟踪评估可能会有检查人、追责人和评价人等角色，这些角色可以是不同的人，也可以是同一个人。

小贴士

需要注意的是，会议主持人是会议的管理者，但不是会议的"主人"。会议主持人要站在客观中立的角度管理会议，应按照会议的目标、计划、预期议程推进会议，而不应根据个人偏好左右会议进程。

2.2.3　胜任能力：如何锻炼会议主持能力

问题场景

1　我有几个想培养的人，适合做会议主持人，可我之前试过让这几个人做主持人，发现他们做得不好。

2　合格的会议主持人对能力有一定的要求。

3　会议主持人都需要什么样的能力呢？

4　比较通用的基础能力有4项，分别是表达能力、统筹能力、理解能力和应变能力。

5　我这几个想培养的人似乎已经具备这4项能力了，怎么还做不好会议主持人呢？

6　这4项能力是会议主持人的基础能力，就算具备，也还需要一定的基本素质和实际操作经验。

问题拆解

　　工作中优秀的人不一定一开始就能做好会议主持人。合格的会议主持人需要一定的能力支持。要成为合格的会议主持人，要刻意培养这些能力。就算拥有这些能力基础，也需要一段时间的刻意训练才能做好会议主持人。

方法工具

工具介绍

会议主持人的胜任力

胜任力是哈佛大学教授戴维·麦克利兰（David·McClelland）于1973年正式提出的概念。广义的胜任力指的是人们完成某项工作需要的态度、素质、动机、特征或技能等全部要素；狭义的胜任力仅指完成某项工作需要的能力。

要做好会议主持人，需要具备一定的胜任力。本书提及的会议主持人的胜任力指的是狭义的胜任力。会议主持人要具备表达能力、统筹能力、理解能力和应变能力。

会议主持人的四大能力要求

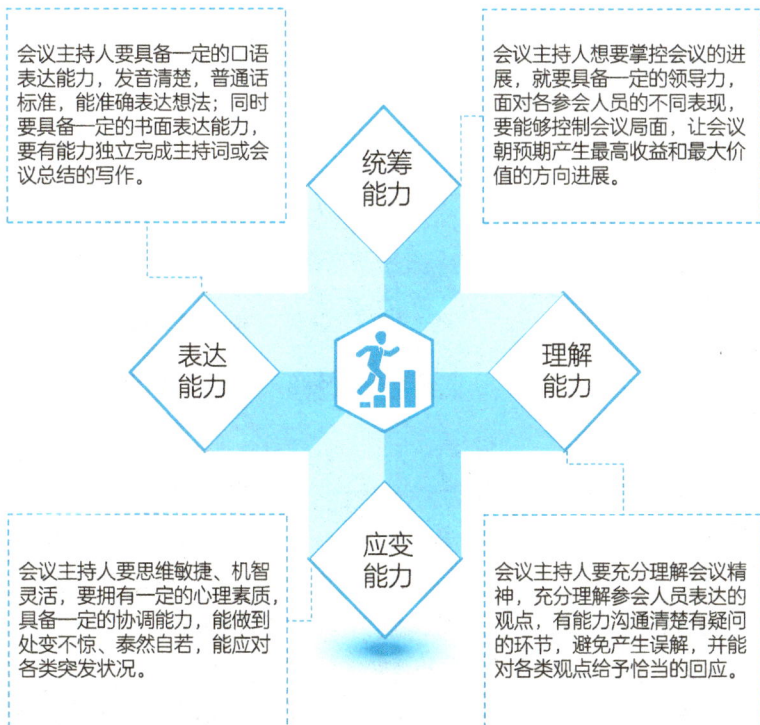

会议主持人要具备一定的口语表达能力，发音清楚，普通话标准，能准确表达想法；同时要具备一定的书面表达能力，要有能力独立完成主持词或会议总结的写作。

会议主持人想要掌控会议的进展，就要具备一定的领导力，面对各参会人员的不同表现，要能够控制会议局面，让会议朝预期产生最高收益和最大价值的方向进展。

统筹能力

表达能力

理解能力

应变能力

会议主持人要思维敏捷、机智灵活，要拥有一定的心理素质，具备一定的协调能力，能做到处变不惊、泰然自若，能应对各类突发状况。

会议主持人要充分理解会议精神，充分理解参会人员表达的观点，有能力沟通清楚有疑问的环节，避免产生误解，并能对各类观点给予恰当的回应。

应用解析

会议主持人的四大控场能力

当会议需要参会人员发言，却没有参会人员愿意发言，出现冷场时，会议主持人要打破冷场；当参会人员彼此不熟悉，出现扭捏或拘谨时，会议主持人要快速破冰，让参会人员快速进入状态。

当某人发表意见时间过长时，会议主持人要礼貌地、及时地打断；当某项议程出现延误时，会议主持人要适当加快接下来的议程，尽量保证会议按照预定时间结束；当发言时间短于预期，会议进程加快时，会议主持人要调动更多人发言。

冷场破冰

时间控制

兼顾全场

调动情绪

会议主持人要让所有该发言的人在预定时间内发言，让该发表意见的人在既定环节发表意见，不要让会议出现遗漏发言。

当参会人员情绪低落、对会议的参与度不高，或参会人员因为长时间开会出现身心疲惫、精力不集中等情况时，会议主持人要调动参会人员的情绪，让参会人员回到会议应有的精神状态。

小贴士

　　会议主持人要调动参会人员的情绪，但不代表会议主持人要让参会人员过于亢奋，也不代表会议主持人本人要保持持续亢奋的状态。会议主持人自身要保持不卑不亢的精神状态，要让参会人员也保持有利于会议进程的精神状态。

2.3　会议组织准备

　　工欲善其事必先利其器，成功总是留给那些有准备的人。会议组织准备的环节是为会议顺利有效开展服务的。在会议开始前，要做到信息通畅，做好会议通知；根据会议需要和会场情况，提前做好会场布置；提前准备好足够数量和质量的会议设备和物资。

2.3.1 会议通知：做到信息通畅

问题场景

1 我们经常到了开会时间出现员工忘了要开会的情况，员工们也太不重视开会了。

2 是不是会议通知做得不到位呢？

3 我们都是提前一个月通知要开会啊！这还不到位吗？

4 提前一个月通知也太早了，很多人到了开会时间忙忘了也正常。

5 那是不是我提前通知不对呢？难道要会议开始前一天再通知？

6 会议开始前一天才通知有些仓促，可以在会议开始前一天做一次非正式的提醒。

问题拆解

　　会议通知的时间不宜太早，太早的话容易让参会人员遗忘；也不宜太晚，太晚的话参会人员可能没有准备，不仅可能影响会议效果，而且可能影响正常工作。会议通知发送后，为确保参会人员按时参会，可以在正式开始会议前再次进行非正式的电话或社交软件通知。

方法工具

工具介绍

会议通知

会议通知的目的是打破信息壁垒，让参会人员知道会议组织人想告知的信息。

会议通知一般采用书面形式正式下发，重要的会议要拟定正式的会议通知函，根据会议性质的不同，拟定不同的会议通知。

越大型、越重要、越长时间的会议，会议通知发放的时间应当越早，可以提前10天发送会议通知；越小型、越普通、越短时间的会议，会议通知的发放时间可以相对较晚，可以提前1~3天发送会议通知。

发放会议通知的4个注意事项

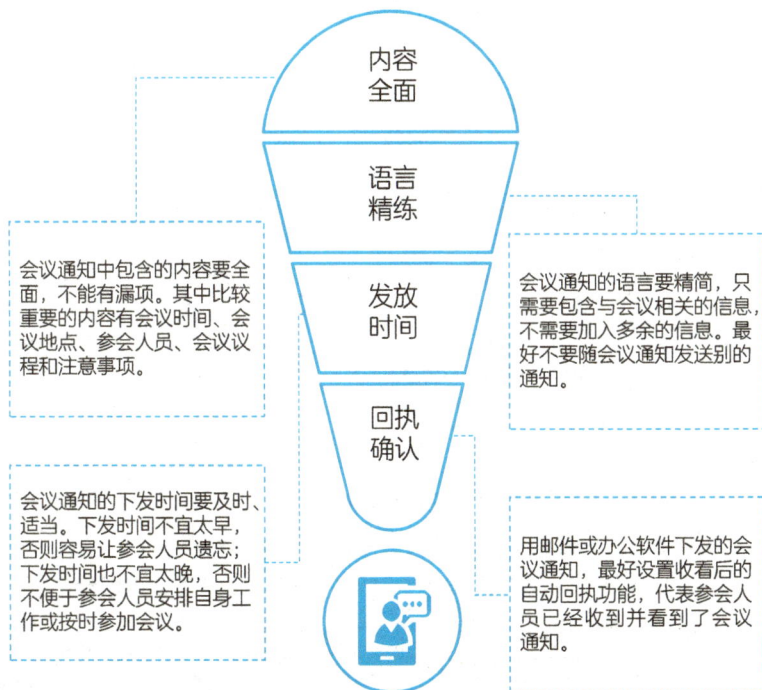

内容
全面

语言
精练

发放
时间

回执
确认

会议通知中包含的内容要全面，不能有漏项。其中比较重要的内容有会议时间、会议地点、参会人员、会议议程和注意事项。

会议通知的语言要精简，只需要包含与会议相关的信息，不需要加入多余的信息。最好不要随会议通知发送别的通知。

会议通知的下发时间要及时、适当。下发时间不宜太早，否则容易让参会人员遗忘；下发时间也不宜太晚，否则不便于参会人员安排自身工作或按时参加会议。

用邮件或办公软件下发的会议通知，最好设置收看后的自动回执功能，代表参会人员已经收到并看到了会议通知。

应用解析

会议通知的模板

各部门：

为……，公司定于××××年××月××日（星期×）在××召开××会议，现将有关事项通知如下：

一、会议时间

××××年××月××日（星期×）8：30~17：30

二、会议地点

××公司××楼××会议室

三、参会人员

部门	职务	姓名

四、会议议程

	_____会议议程	
程序	内容	发言人
1		
2		
3		
4		
5		
说明	1.会议当天所有人员须着正装 2.会议中所用Word、PPT等电子文件，须提前一天发给会务人员	

五、其他事项

1.请参会人员提前10分钟到达会场，会议期间不得无故离席、早退、缺勤；

2.如有特殊情况不能参加，请填写会议请假流程单，并于会议前两天发至行政部邮箱；

3.会议期间将手机关机或者调至静音状态，保持会场安静；

4.如有任何疑问，请致电行政管理部×××-×××××××。

特此通知。

小贴士

会议议程一般应随会议通知一起发送给参会人员。不是所有的会议通知中都要加入正式的会议议程，一些小型会议可以淡化这部分内容，但会议的基本流程应尽可能提前告知参会人员，以便参会人员提前做好相应准备。

2.3.2　会场布置：满足会议需要

问题场景

1　我们的会议室就像是教室，一排排座那种的，我觉得这种会议室布置太死板了。

2　会场可以根据每次会议的不同需要来调整布置，咱们一直不做调整吗？

4　那确实有些死板了，调整一下会场布置能更好地达成会议目的。

3　没调整过我们一直都是这种一排排座式的开会…

6　常见的会场布置类型有4种，分别是方桌形/圆桌形、教室形/课桌形、V形/U形、岛形/分组形。

5　一般可以怎么布置会场呢？

问题拆解

　　会场的桌椅布置关系着会议的需求，影响着会议的效果。如果会议的桌椅布置与会议需求不符，则可能降低会议效率。在举办会议前，要根据会议的需求和会场的情况，提前设计会场类型，做好会场的桌椅布置。

方法工具

工具介绍

常见会场类型

会场的桌椅摆放，要根据会议的需求，结合会场的大小、形状、参会人数、桌椅的特点确定。同时要考虑一定的美感和对称性。根据形态的不同，常见的会场布置类型有 4 种：方桌形 / 圆桌形、教室形 / 课桌形、V 形 /U 形、岛形 / 分组形。

常见 4 种会场类型

方桌形/圆桌形的会场布置是在方桌或圆桌的周围摆放椅子，让参会人员可以面对面地自由交流沟通。这种会场布置类型比较通用，可以应用于各类场景下，适用于各类小型会议。

方桌形 圆桌形

教室形/课桌形的会场布置是类似学校教室的排排坐模式，所有参会人员朝向一个方向。这种会场布置类型比较适合召开员工大会、产品发布会、媒体见面会、供应商大会等人数较多的会议。

教室形 课桌形

V形/U形的会场布置是将桌子摆放成"V"或"U"的形状，在"V"或"U"的开口处摆放投影幕或讲话台。V形更适合无领导的会议，U形更适合有领导的会议，且领导应安排在U形正中间对着投影幕。这种会场布置类型适合需上台发言并配合内部讨论的会议。

V形 U形

岛形/分组形是将桌椅摆放成一个一个的"岛屿"，对所有参会人员分组。这种会场布置类型适合需要小组讨论类的会议，或举办年会、聚餐时。岛形/分组形比较占空间，对空间大小有要求。如果会场较小，可能难以摆成岛形/分组形。

岛形 分组形

应用解析

常见 4 种会场布置类型示意图

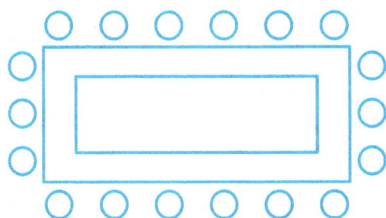

方桌形/圆桌形
适合各类小型会议

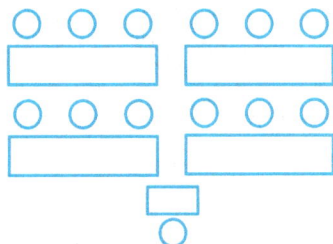

教室形/课桌形
适合人数较多的会议
偏单向输出的会议

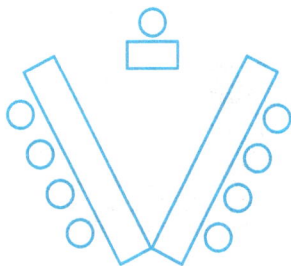

V形或U形
适合需上台发言配合内
部讨论的会议

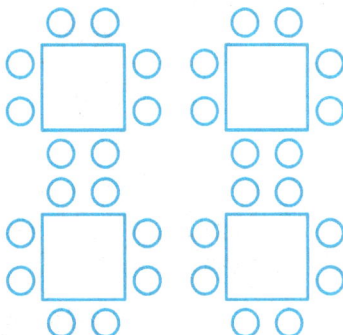

岛形/分组形
适合小组讨论类会议
或年会/餐会

小贴士

　　每一种会场布置类型都可以视会场大小和参会人数多少做调整。教室形 / 课桌形的会场布置可以只在第一排摆桌子，或者全部不摆放桌子。大型会议的会场大多设有主席台 / 演讲台，和参会人员面对面；小型会议可以不单独设主席台 / 演讲台。

2.3.3 设备保障：确保有序运行

问题场景

1. 我们有次开会，开到一半计算机坏了，结果一屋子人等了一个多小时，后来翻页笔又没电了……

2. 我有个习惯，每次开会都要准备两台计算机，拷贝两份会议文件，准备两个翻页笔……以备出现异常时能及时应对。

3. 还是你比较有经验，我怎么就没想到呢？

4. 其实这和经验无关，会议的设备物资应该这么准备，既要准备齐全，又要防止异常。

5. 我们是不是应该提前把会议需要的设备和物资都列出来核对，再给每种物资多准备一些？

6. 是的，有必要这样，还要注意提前检查，不仅要检查设备和物资的数量，而且要检查质量。

问题拆解

　　在会议开始前，团队管理者要提前盘点会议需要的所有设备和物资，不仅要提前按照需求准备好这些设备物资，还要多准备一些以备应急。另外，在会议开始前，要对所有准备的设备物资实施检查，不仅要检查设备物资的数量，更要检查其质量。

方法工具

工具介绍

会议设备物资准备

除了会议需要的桌椅外，每场会议都需要相应的设备物资。不同的会议，需要的设备物资种类是不同的，团队管理者应根据会议需求盘点和准备好需要的设备物资。鉴于会议过程中可能出现的各类突发状况，设备物资应有一定的备份。

在会议正式开始前，要检查会议所有设备物资的数量和质量，保证数量上能够满足会议要求和突发状况；质量上能够正常使用。

5 类关键的会议设备

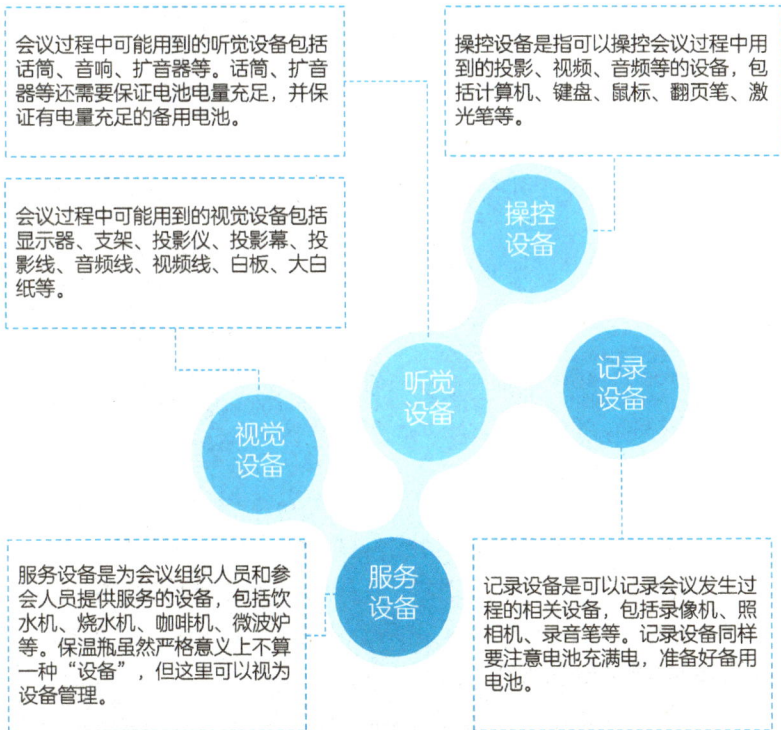

会议过程中可能用到的听觉设备包括话筒、音响、扩音器等。话筒、扩音器等还需要保证电池电量充足，并保证有电量充足的备用电池。

操控设备是指可以操控会议过程中用到的投影、视频、音频等的设备，包括计算机、键盘、鼠标、翻页笔、激光笔等。

会议过程中可能用到的视觉设备包括显示器、支架、投影仪、投影幕、投影线、音频线、视频线、白板、大白纸等。

操控设备

听觉设备

记录设备

视觉设备

服务设备

服务设备是为会议组织人员和参会人员提供服务的设备，包括饮水机、烧水机、咖啡机、微波炉等。保温瓶虽然严格意义上不算一种"设备"，但这里可以视为设备管理。

记录设备是可以记录会议发生过程的相关设备，包括录像机、照相机、录音笔等。记录设备同样要注意电池充满电，准备好备用电池。

应用解析

会议常用的 5 类物资

标识类物资是用作会议指示、提示需求的物资，包括标语、横幅、参会证、名牌、席位卡、指示牌、展架、宣传单等。

设备类物资主要包括前文提到的 5 类关键设备，即视觉设备、听觉设备、操控设备、记录设备和服务设备。

装饰类物资是为会场增添气氛，根据会议需要营造氛围的相关物资，包括鲜花、绿叶植物、假花、摆件、桌布等会场装饰物。

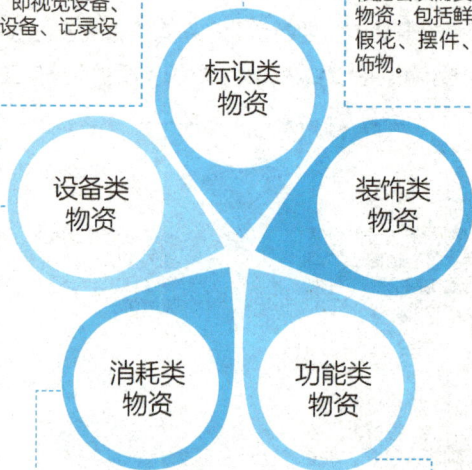

标识类物资

设备类物资

装饰类物资

消耗类物资

功能类物资

消耗类物资是会议组织人员和参会人员都需要的，随会议进程不断消耗的物资，包括矿泉水、大桶水、餐食、甜点、水果、茶叶、咖啡、电池、纸巾、湿巾、酒精消毒液、口罩、A4纸、笔等。

功能类物资是为会议特定需求而准备的物资，例如延长的电源线、插线板等供电设备，为参会人员携带的电子设备供电；会议特有的各类小礼品；获取参会人员信息的二维码等。

小贴士

要保证会议需求的设备物资不出现遗漏，可以采取清单式管理。在会议开始前，将会议需要的所有设备物资的种类和数量用清单提前列出来，并逐一核对，确保不出现遗漏。在检查完所有设备物资的数量和质量都合格后，在清单上打钩。

03

会议进行中的
强力保障

💎 本章背景

1 做好了会议准备，会议应该就可以顺利进行了。

2 会议进行得是否顺利，还要看会议运行过程中的管控。

3 会议运行过程主要该管控什么呢？

4 主要包含3点，一是对会议制度的设计和落地，二是对会议输出的明确和落实，三是对异常状况的处理和管控。

5 听起来我们好像都做得不好，我们该怎么做好这些维度呢？

6 接下来我们就一起来探讨一下吧。

背景介绍

做好了会议前的准备工作后，会议进行过程中的管理同样重要。会议运行期间，如果没有管理到位，会议很可能会偏离主题，不仅不能达到会议结果，而且浪费了参会人员的时间，同时让参会人员对会议产生反感。

3.1 会议规则

团队中的会议种类有很多，为了规范团队会议的组织和管理，保证会议召开的质量和效率，提高各部门间工作沟通的顺畅，团队管理者应根据团队的实际情况，明确会议纪律，形成书面的《会议管理制度》，并确保该制度得以落实。

3.1.1 会议纪律：确保会议有序运行

问题场景

1 我们常常出现开会时参会人员迟到的问题，定好的开会时间常常不能按时开始。

2 关于会议要守时这件事，建议定好开会的规矩。

3 开会的规矩，指的是会议纪律吗？

4 是的，有了明确的会议纪律，参会人员就有了行为标准参照。

5 会议纪律都需要包含哪些维度呢？

6 包括到场时间、手机管理、设备管理、仪容仪表、开会状态和处罚措施6个维度。

问题拆解

　　"没有规矩，不成方圆"，开会的规矩影响着会议召开的质量。如果没有规矩，则参会人员的行为没有标准和依据，当员工在会议中做出不恰当行为时，会议主持人和团队管理者没有理由要求其修正行为。

方法工具

工具介绍

会议纪律

　　会议纪律是在会议正式开始前定下的，在会议运行过程中所有参会人员都需要遵守的规矩。会议纪律包括到场时间、手机管理、设备管理、仪容仪表、开会状态和处罚措施6个维度。维护会议纪律包括5个层次，分别是告知、提醒、警告、处罚和清退。

会议纪律可包含的6类关键信息

对到场时间的规定是为了让所有参会人员尊重彼此的时间。可以规定会议组织人员需在开会前30分钟到场，所有参会人员需在开会前10分钟到场。

开会时，手机的声音应调整成无声，而非震动。如果有携带笔记本电脑等设备入场开会的，也要将这些设备调整成无声。

为防止会议设备出问题，可以规定开会使用的台式机、笔记本电脑、翻页笔、投影仪等设备，除了会议管理人员外，参会人员不得使用。

手机管理　设备管理　到场时间　仪容仪表　处罚措施　开会状态

会议纪律中要规定当参会人员没有遵守会议纪律时，可以实施怎样的处罚。只有纪律要求，没有处罚措施，人们不会有所敬畏。

会议纪律要规范参会人员开会的状态，包括员工开会时什么行为能做，什么行为不能做。例如开会时不得睡觉、看无关资料、吃零食、聊天、听音乐、玩手机等。

为保证会议的严肃性，可以规定一些特定会议的仪容仪表要求。例如年会时必须全体穿工装参加会议；女性参会人员的长发不要遮挡面部等。

应用解析

维护会议纪律的 5 个层次

会议纪律要在会议正式开始前提前告知所有参会人员，如果没有提前告知，不能直接用会议纪律的规定要求参会人员。

当参会人员中有人不遵守会议纪律时，首先要善意提醒。提醒方式要温和，就事论事，不要带任何负面情绪，不要埋怨对方，更不要评价对方。

告知 1

提醒 2

当提醒没有起作用，不遵守会议纪律的人继续不遵守会议纪律，或在提醒某问题后，有不同的人出现相同的违纪问题，可以实施警告。

警告 3

处罚 4

在提醒和警告无效后，可以根据会议纪律中规定的处罚方式实施处罚。处罚是不得已而为之的，不要一开始就用，也不要过于频繁地使用。

清退 5

在提醒、警告、处罚都没有起到作用后，可以将仍然不遵守会议纪律的人请出会场。特别严重的可以取消其未来参与同类会议的资格。

小贴士

违反会议纪律的处罚不一定是金钱处罚，还可以是负责打扫一周卫生、表演节目等趣味处罚。处罚本身不是目的，目的是起到警醒和警示作用，只要是能起到这类作用的、合法合规的、符合团队倡导文化氛围的，又不让员工难堪或反感的，都可以作为会议纪律的处罚方式。

3.1.2 会议制度：保障会议有章可依

问题场景

1 我得赶快准备起草会议纪律了。

2 只有会议纪律还不足以保证会议规范有序地实施。除了会议纪律外，还要有会议管理制度。

3 会议管理制度和会议纪律不是一回事吗？

4 二者不是一回事，会议纪律是会议管理制度的一部分。

NO!

5 会议管理制度有什么用呢？

6 会议管理制度是对会议运行全过程的规范，能从整体上把控会议的运行过程。

问题拆解

　　会议管理制度是会议纪律的延伸。会议纪律是会议管理制度的一部分。会议纪律是规范会议过程中参会人员行为的；会议管理制度是规范整个会议管理过程的。要做好会议管理，会议管理制度是必备的工具。

方法工具

工具介绍

会议管理制度

会议管理制度是对会议管理全过程工作的规定，包括从会议准备到会议实施，再到会议跟踪等各环节，比较常见的关键信息有 7 类，分别是会议组织、会议纪律、过程管控、会议类别、跟踪落实、处罚方法和资料管理。

会议管理制度需包含的 7 类关键信息

会议管理制度可以规定团队中需要举办的会议类别，以及这些会议的频率、定位、参会人员等具体召开要求。

会议管理制度中要规定对会议工作跟踪落实的方法，包括工作安排、工作部署后续跟踪落实的规范，以及对工作内容汇报的规范。

会议管理制度中要规定会议过程管控的方法，包括对会议纪律的落实要求，以及对会议中出现各类异常的管控方法。

这里的处罚不仅包括对会议运行过程中违反会议纪律的处罚，也包括对会议的组织、管控、跟踪落实等工作实施不到位的处罚。

- 过程管控
- 会议类别
- 跟踪落实
- 会议纪律
- 处罚方法
- 会议组织
- 资料管理

会议管理制度中要包括会议纪律，即上一节的内容，这里不再赘述。

会议管理制度中要包括会议组织相关的方法，如不同会议的人员分工、角色职责、目标、主题、议程、通知、时间、地点、主持人选择等的管理方法。

会议管理制度中要规定会议输出资料、会议纪要的管理方法，这些资料是会议的知识资产，如果管控不当，不仅会影响会议质量，而且会造成团队损失。

应用解析

会议类别案例

会议类别	会议频率	时间安排	会议定位	会议管理人	会议参与人
总经理办公会	每周	每周一上午	落实战略和经营计划，讨论研究发展和经营管理中的重大事项	总经理	所有高层管理者
中层干部会	每月	每月3日	传达、落实经营管理理念、思想、重大决策、总结工作、制订计划	总经理	中层及以上干部
业绩分析会	每月	每月5日	对当前业绩做分析，寻找业绩的机会点，查找当前问题，制定措施提升业绩	分管业绩的副总经理	营销系统全体人员
生产分析会	每周	每周一下午	分析每周的生产成本、生产经营运行质量，提高生产运行水平、降低生产成本、提升生产管理水平	分管生产的副总经理	生产系统全体人员
晨会	每天	上班后15分钟内	当天工作安排	各部门负责人	各部门人员
夕会	每天	下班前15分钟内	当天工作总结	各部门负责人	各部门人员

小贴士

　　企业常见的会议类别有很多，除通用的会议类型外，还有很多专题类会议，例如技术、工艺、安全、质量、工程、预算、合同等的专题会议，可以设置固定的会议时间，也可以将其定义为临时会议。

3.1.3 会议控制：纪律制度有效执行

🔒 问题场景

1 我们以前也有过纪律和制度，可是定好了规矩，大家也不遵守。

2 只有规矩，没有对规矩的控制和落实，大家自然就不会重视。

3 看来以后我要严格要求员工落实会议纪律和制度！怎么定的规矩，就怎么执行！

4 你可以先从自身做起，以身作则践行会议纪律和制度，这样大家都会效仿你。

5 我会的！不过……这很重要吗？

6 当然，如果你自己开会总迟到，总玩手机，又有什么资格要求别人不这么做呢？

问题拆解

　　有了规矩就要坚决执行，这时候，团队最高管理者有必要以身作则，坚决遵守和执行规矩。有的管理者因为员工开会普遍时间观念比较差而制定一个开会迟到要罚站的规定，管理者会以身作则，率先遵守这个规定。

方法工具

工具介绍

会议纪律制度落实

会议主持人和团队管理者是落实会议纪律和制度的关键人。

例如，会议主持人和团队管理者有权打断那些偏离会议主题的冗长的发言。一个议题不能讨论过久，如不能得出结论可暂放一下，避免影响其他议题。会议主持人要设置时间提醒，如"现在还有60分钟""还有30分钟""还有10分钟"，督促会议结果尽快出台。

要让会议纪律和制度得到落实，有4个关键，分别是公开、严格、公平和持续。

会议纪律制度落实的4个关键

制定会议纪律和制度的时候，可以向全体员工征求意见。制定好之后，应向全体员工公开，必要时组织全员学习，保证所有人知悉，从认知层面保证执行。

在执行会议纪律和制度的时候，要不折不扣地严格执行，不能只执行其中的一部分，不执行其中的另一部分，不然可能引来人们的误解。

公开

严格

持续

公平

执行会议纪律和制度要持之以恒，不能松懈，不能有的时候执行有的时候不执行，不能有的时候严格有的时候宽松，不然可能功亏一篑。

会议纪律和制度要对谁都一样，不能偏袒，不要因为某人的职位高就不执行。员工很容易上行下效，如果管理人员不能起到好的带头作用，难以服众。

应用解析

常见过程控制导致会议无效的 6 种情况

员工消极对待会议中的议题，不愿意发言，或不敢发表不同意见，被动等待指令。这时候主持人要活跃气氛，创造开放的讨论氛围和发言机会。

对某一问题产生了不同的意见，难以调和，出现争吵，甚至出现人身攻击的情况。这种情况既要尊重不同的意见，又要避免争议过激，引导大家良性探讨。

会议出现了冗长、拖沓等问题，造成会议时间拉长；或会议时间过短，匆匆结束。会议过程要严格控制时间和进度，控制好时间。

会议过程中的发言或讨论没有围绕主题进行，出现了闲聊或跑题的现象。这时候要及时打断，强调主题，控制会议秩序，将大家拉回正题。

员工消极参与

出现激烈争执

没控制好时间

发言出现跑题

未按议程执行

会议输出不足

会议没有严格按照预定议程进行，偏离了会议的目标和主题。出现这种情况要立即将会议拉回正轨。

应该在会议中形成的决议、方案、计划等没有形成，会议该输出的内容不足。这种情况要明确会议的输出，确保应该输出的会议内容全部输出。

小贴士

会议纪律和会议管理制度是会议高效有序运行的保障之一，但不代表有了会议纪律和会议管理制度，会议就必然能够高效。会议主持人和团队管理者在会议过程管控中担任着重要的角色。会议纪律和会议管理制度是为会议主持人和团队管理者服务的。

3.2 会议输出

　　不论会议的目的、主题或目标是什么，最后都要有某种输出。会议输出除了某种结论或某个方案外，还需要有具体的行动要求和工作安排。明确了这些要求和安排后，员工才清楚会议之后具体要做什么，可以分头落实，会议结果才有可能落地。

3.2.1 坦诚表达：会议效果强力保障

问题场景

1 我们开会时经常会出现员工有话不愿说的情况，尤其是当这些话涉及别人的问题时，怕说出来得罪人。

2 你可以试着在团队中构建坦诚表达的文化，让大家敢于说问题。

3 可这种可能得罪人的事，谁会愿意说啊！

4 如果听者不觉得自己被得罪，那是不是说者就敢于表达了？

5 你是说，构建坦诚沟通文化的关键，是让员工欣然接受别人指出的问题？

6 是的，如果每个员工都能怀着开放的心态看待别人提出的问题，别人自然就可以坦诚表达了。

问题拆解

坦诚表达是会议有效的关键。如果参会人员有想法却不敢表达、不愿表达或不能表达，都将影响会议的成效。要鼓励员工坦诚表达，团队管理者应构建坦诚表达的文化。坦诚表达的关键是提升每个员工对不同意见的接受能力。

方法工具

工具介绍

会议中的坦诚表达

开会时，团队中最健康的沟通方式是每个人都能坦诚表达问题。不会因为某个问题涉及某人而不愿说、不敢说。坦诚表达不仅是团队会议管理的需要，也是构建健康团队文化的关键。

当整个团队都乐于坦诚表达时，团队日常的沟通效率也能大大提高。

坦诚表达的 4 个关键

打造坦诚表达文化的第一步是通过日常沟通，拓宽员工的心理边界，让员工不会因为别人提到的问题与自己有关而产生负面情绪，能够平静对待别人指出的问题。

表达意见者要注意表达的意见应当是客观的，要以事实或数据为依据，而不是凭借自己的主观想法或情绪随意表达。

边界

客观

建议

思考

表达意见者不能只说问题，不提意见或建议。不仅要说明当前的问题在哪里，还要说明自己认为的正确应该是什么样子的。

表达意见者提出的问题最好是能够引发思考和联想的，能启发他人的思维，能通过引发思考发现更深层的问题。

应用解析

被坦诚提出问题者的思考和行动逻辑

当员工被别的员工指出问题后，首先要判断对方说的是否正确。这里的正确不是站在自己的主观角度，而是跳出双方立场，站在第三方的客观角度判断。

其次，被指出问题的员工要判断对方说的问题对自己、对团队有多大的价值、多大的建设性，能否让能力或绩效提升。

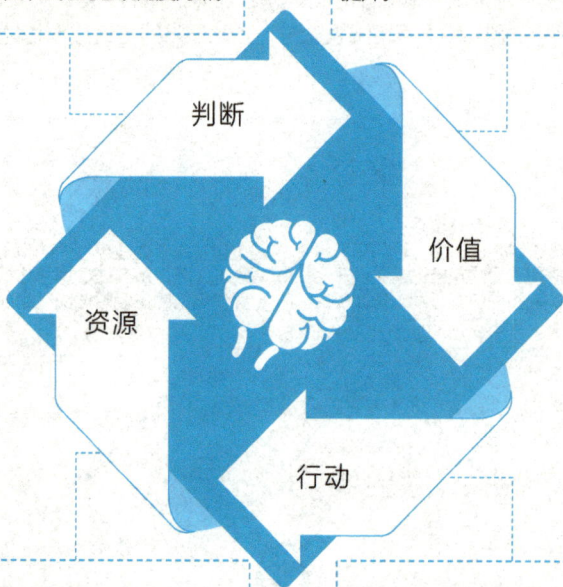

判断

价值

资源

行动

最后，判断要解决问题，还需要哪些资源，自己的行动还需要哪些支持，团队能不能提供这些资源和支持。

再次，要判断对方提出的意见或建议有没有建设性，有没有导向行动，判断导向的行动具体应该是什么。

小贴士

注意，会议中的坦诚表达可能会说到别人的问题，但说别人的问题不等于要展示自己的高明。如果有员工说明别人问题只是为了展示自己的高明，不带任何建设性的意见或建议，不能真正解决问题，这样的表达则应当避免。

3.2.2 关键输出：会议结果要点整理

问题场景

1 我们很多会开完后没有结果，我总觉得是因为开完会后少了点什么。

2 你可以检查一下会议的输出。

3 什么叫会议的输出？

4 会议的输出，也可以叫会议结果。会议有结果，工作才能落地。很多会议没有效果，就是因为没有会议输出。

5 会议应该输出什么呢？

6 不同会议输出的内容有所不同，但多数会议最关键的输出物是接下来的行动方案。

问题拆解

　　很多时候，虽然员工知道会议最后得出了某个结论，却不知道这个结论和自己的工作有什么关系，因而无法采取行动；有时候即便知道会议结论和自己工作是相关的，但因为没有具体要求和工作安排，没有具体记录，没有具体输出资料，因而无视这个结论，导致会议没有产生相应的效果。

方法工具

工具介绍

会议的输入和输出

输入和输出是一组软件术语，在会议管理中也适用。

会议的输入，指的是会议的组成要素，包括会议主题、参会人员、会议流程等（前文已经讲过）；会议的输出指的是会议的产出结果。这里的结果除了某种结论或某个方案外，还需要有具体的行动要求和工作安排。有了这些，会议结果才有可能落地。

做好了会议的所有输入，经过到位的会议过程管控，才会有想要的输出。

会议输出的 6 类关键信息

包括会后工作内容的讨论过程和制定原因

包括会后的每项工作由谁来负责，谁参与其中

包括会后对应工作的具体实施方法和工作步骤

包括会后工作的最终完成时间和阶段完成时间

为什么做 3

谁来做 4

要怎么做 2

何时完成 5

要做什么 1

做的程度 6

包括会议后要做的具体任务和对应的行动方案

包括会后每项工作的工作目标和行动预期

应用解析

没有会议输出可能导致的五大问题

如果没有会议输出，会议过程中产生的讨论信息和智力成果将无法保留。

如果没有会议输出，会议过程中需要未参会人员学习和知悉的内容将难以传播。

不能
传播

智慧
流失

缺乏
依据

难以
改善

没有
证据

如果没有会议输出，很难发现之前会议组织和管理的问题，很难提高会议管理水平。

如果没有会议输出，参会人员可能遗忘会议内容，或产生记忆偏差。

如果没有会议输出，会后员工开展工作将缺乏依据和标准。

小贴士

不同会议的重点输出是不同的。有的会议输出特别强调会后的工作落实，有的会议输出特别强调形成某个文件，有的会议输出特别强调明确某个方法。每场会议都要明确重点输出，确保会议结束后有相应的输出。

3.2.3　重点记录：会议纪要完整书写

问题场景

1 我们的会议有时候也会有一些输出，可经常会忘了做。

2 可以在会议结束时，形成会议纪要。通过查看会议纪要随时提醒自己。

3 我以前总觉得会议纪要有点儿麻烦，尤其是短会，就没做这方面的要求。

4 不论大会小会，都要有会议纪要。会议纪要是会议输出的书面文件。

5 看来我以后要详细记录会议纪要。

6 比较小的会可以简单操作，比较大的会可以详细操作。

问题拆解

　　会议输出应以会议纪要的形式出现。会议纪要既不是越复杂越好，也不是内容记录得越详细越好，应根据需要设计会议纪要的格式。会议纪要的功能除了记录会议过程之外，还可以用来评估会议计划和实际运行之间的差异，便于未来做出会议改进。

方法工具

工具介绍

会议纪要

每次会议都要有完整准确的会议纪要。

在会议运行过程中，会议记录人要做好会议纪要。会议纪要应简明扼要地说明会议议程和会议内容，并要重点记录会议内容中暴露出的问题、需要采取的工作内容或措施，以及这些工作内容的责任人、完成时间和检查落实人员。

根据不同的会议类型，会议纪要可以选择性地发送给没有参会的人员，例如在会议工作落实中，提到某项工作需要某责任人或某检查落实人参与，但其没有参与会议。对于一些需要公开的会议决议内容，可以转化为通知的形式来告知。

会议纪要应包含的 5 类关键信息

议程

会议虽然有计划的议程，但可能在实际运行过程中发生变化。计划议程中每一议项的预计时间可能与实际运行时存在差异，这些都应记录在会议纪要中。

要点

会议纪要应记录会议运行过程中出现的各类要点，包括发言的要点、讨论的要点、工作的要点等。

决议

会议形成的决议是未来工作的重要依据。会议纪要应详细记录会议形成的决议以及形成决议的过程。

后续

会议纪要应记录会议后续的工作重点，这些工作重点应包含工作内容、工作目标、行动方案、责任人和落实人等。

信息

会议纪要中包含的信息是有价值的。这些信息的不同部分该向谁确认、该让谁知悉、该通过什么方式发送给谁，都应在会议纪要中记录清楚。

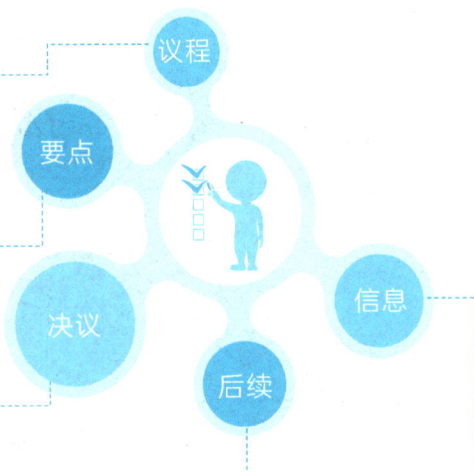

应用解析

会议纪要模板

会议名称		会议编号	
会议时间		会议地点	
参会人员		参会人数	
会议主持人		会议记录人	
会议议程		会议议程对应结论	
会议内容纪要		会议内容纪要需报送部门	
会议决议内容		会议决议对应操作	
会后布置工作落实			
工作内容及目标	责任人	预计完成时间	检查落实人
备注			

小贴士

会议结束前，应当设置会议记录人与所有参会人员核对会议纪要的环节，重点核对会后布置工作的落实。核对工作完成后，会议记录人应在会议现场或会议结束后的一定期限内将会议纪要发送给相关人员，以便会议的落实工作有迹可循。

3.2.4　确保落实：会议输出有效落地

问题场景

1 我之前就知道会议该有输出，也知道会议该做会议纪要，却没有落实。

2 所以知道和做到是两回事，没有行动落实，等于不知道。

3 我以后该怎么保证会议输出落地，确保会议有输出呢？

4 可以提前明确会议该输出什么，做好人员分工，明确会议输出的传递方式并做好检查落实。

5 会议输出的传递方式有什么好明确的？直接把会议纪要发送给相关人员不就好了吗？

6 除了发送会议纪要外，还有别的信息传递方式，可以视情况选择最高效的信息传递形式。

问题拆解

　　知道会议应该有输出、知道会议应该有纪要，和会议实际上有没有输出、实际上有没有纪要是两回事。想得再好，也不如将工作真正落实。团队管理者要在每次会议后检查会议的输出是否得到了落实。

方法工具

工具介绍

落实会议输出

工作及时正确落实，才会得到好的结果。团队管理者要落实会议输出，应提前明确会议的输出内容，做好会议输出相关的工作分工，明确会议输出后的信息传递方式，检查落实每场会议是否确实有输出。

落实会议输出的 4 个关键

会议开始前，应先明确会议的主要输出，而不是等到会议运行过程中或会议结束后再思考会议应该输出什么。

提前明确

做好会议输出相关工作的分工，例如明确会议纪要由谁来记录、会议纪要的记录标准是什么、如何正确记录会议纪要。

做好分工

明确谁来将会议输出传递给相关人员；明确都有哪些人员应该接收到会议输出的哪些信息；明确会议输出传递给相关人员的具体方式。

传递方式

检查落实

只有要求，没有检查，等于没有要求。团队管理者还要在每次会议中检查落实是否有会议输出，并对检查结果实施相应的正负激励。

应用解析

会议输出的5种传达方式

会议输出可以通过口头表达的形式传达给相关人员。口头传达会议输出适用于信息接收人较少的点对点的信息传递。口头传达对信息传达人的口语表达能力有较高要求，因为传达时可能会掺杂很多信息传达人的个人理解。

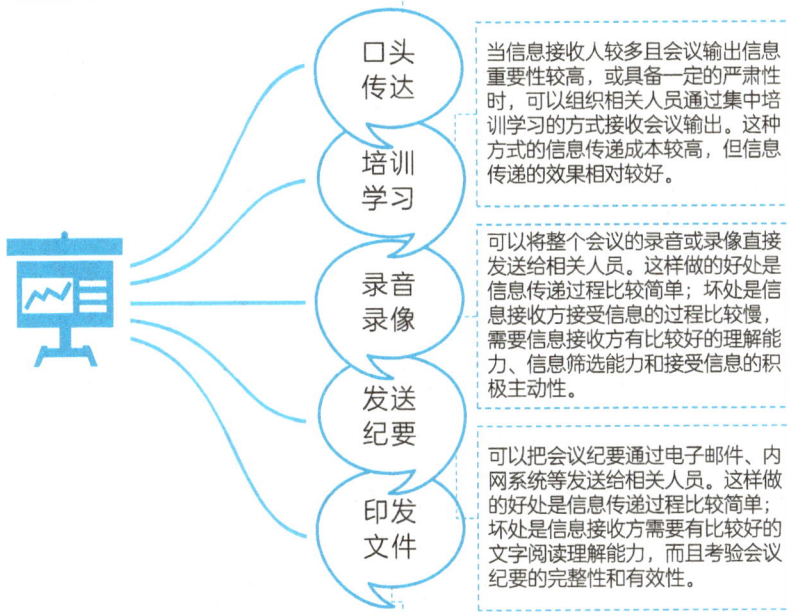

口头传达

培训学习 — 当信息接收人较多且会议输出信息重要性较高，或具备一定的严肃性时，可以组织相关人员通过集中培训学习的方式接收会议输出。这种方式的信息传递成本较高，但信息传递的效果相对较好。

录音录像 — 可以将整个会议的录音或录像直接发送给相关人员。这样做的好处是信息传递过程比较简单；坏处是信息接收方接受信息的过程比较慢，需要信息接收方有比较好的理解能力、信息筛选能力和接受信息的积极主动性。

发送纪要

印发文件 — 可以把会议纪要通过电子邮件、内网系统等发送给相关人员。这样做的好处是信息传递过程比较简单；坏处是信息接收方需要有比较好的文字阅读理解能力，而且考验会议纪要的完整性和有效性。

可以把会议的重要内容、形成的决议、会议纪要等包含的关键信息转化为正式文件，通过通知、简报等形式传达会议输出。印发文件的会议输出方式适合比较广泛的信息传递群体和比较正式的信息传递需求。

小贴士

以上5种会议输出传达方式各有优缺点，具体采取什么形式传达会议输出可以根据会议的性质、会议输出的内容和团队管理的需要来定。这5种会议输出传达信息的方式可以视情况同时运用多种方式，并非一次只能应用一种。

3.3　异常管控

　　会议运行过程中可能会出现各类意想不到的情况，高效的会议要求团队管理者能够妥善管控和处理这些异常状况。会议中比较常见的异常状况有 3 种，分别是会议耗时较长、会议过程中产生争执和会议中出现突发状况。

3.3.1 有的放矢：会议耗时过长怎么办

🔒 **问题场景**

1 会议总超时怎么办呢？

2 这要看是什么原因引起的会议超时。

3 原因好像有很多，每次的原因都不一样。

4 那就要针对不同的原因，采取不同的应对措施。

5 看来我要盘点一下究竟是哪些原因引起的会议超时，然后有针对性地改变。

6 其实，防火重于救火，与其设法应对会议超时不如预防会议超时。

问题拆解

　　很多时候，会议超时并不会对达成会议目标有所帮助，反而会降低会议效率，增加参会人员的疲惫感，最终可能导致会议达不到预期。要解决会议超时的问题，应针对原因各个击破，将问题扼制在萌芽中比面对问题更有效，与其设法应对会议耗时过长不如提前预防会议耗时过长。

方法工具

工具介绍

会议超时的处理方法

引起会议超时的原因有很多，根据会议超时的原因，可以有针对性地采取应对措施。

对于因参会人员发言引起的超时，会议主持人应及时打断并请参会人员直接总结其发言重点；

对于偏离会议主题发生的超时，会议主持人应及时将会议拉回正题；

对于因计划乐观造成的超时，可以打散会议，将会议分解；

对于因临时问题产生的超时，可以暂时忽略，会后再议。

会议超时的 4 种应对方法

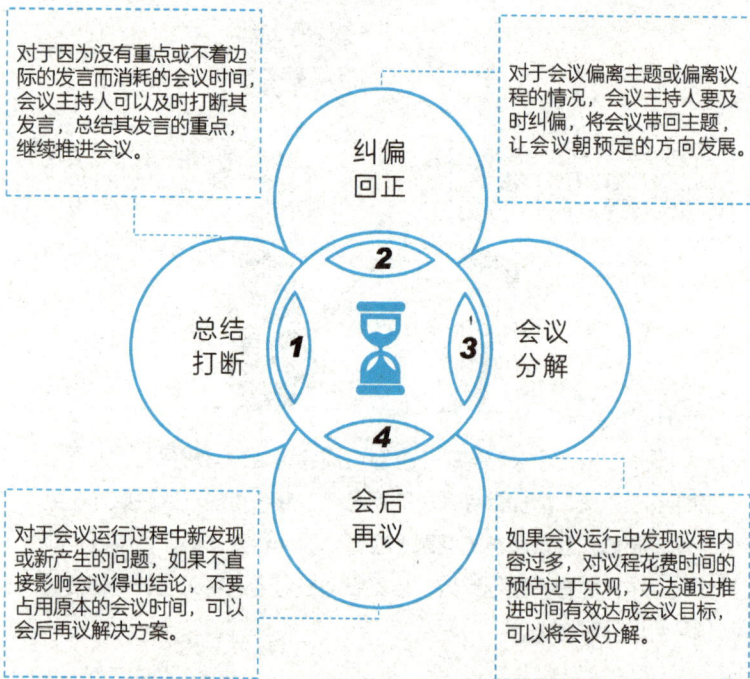

对于因为没有重点或不着边际的发言而消耗的会议时间，会议主持人可以及时打断其发言，总结其发言的重点，继续推进会议。

对于会议偏离主题或偏离议程的情况，会议主持人要及时纠偏，将会议带回主题，让会议朝预定的方向发展。

2 纠偏回正

1 总结打断

3 会议分解

4 会后再议

对于会议运行过程中新发现或新产生的问题，如果不直接影响会议得出结论，不要占用原本的会议时间，可以会后再议解决方案。

如果会议运行中发现议程内容过多，对议程花费时间的预估过于乐观，无法通过推进时间有效达成会议目标，可以将会议分解。

应用解析

避免会议耗时过长的 4 个关键

一场会议安排的议程越多，待解决的问题越多，不可控因素越多，越有可能造成会议时间超过预期。因此最好精简会议内容，一场会议的重点应控制在3个以内。

当待解决的问题过多时，可以多次开会，每次开会用少量时间，分别解决不同的问题，可以将大会议拆分成多个小会议。

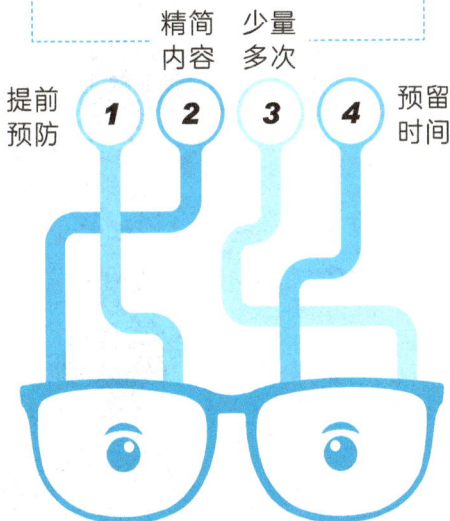

精简内容 **少量多次**

提前预防 **①** **②** **③** **④** **预留时间**

提前将议程和会议相关资料发送给参会人员。提前与参会人员沟通，确保参会人员清楚自己在会议中的角色，理解会议诉求，做好会议准备，提前准备讲稿，以便高效开会。

会议超时有时候很难避免，设置各项议程的预计时间时，应本着尽可能宽裕的原则，为可能的超时预留出20%左右的时间。

小贴士

提前预防会议超时，主要考验的是团队管理者的会议管理能力；会议过程中应对会议超时，主要考验的是会议主持人的控场能力和临场应变能力。提前预防 + 临场应对，才能有效避免会议超时的问题。

3.3.2　灵活应对：会议出现争执怎么办

🔒 **问题场景**

1 开会的时候总有人会提出异议，还经常有员工在会议上吵架，我该怎么避免争议，让大家不吵架呢？

2 完全不吵架是好事吗？适当的吵架不是好事吗？

3 我没有听错吧？你竟然说吵架是好事？有争议不是代表心不齐吗？

4 有争议只是代表观点不一致，而且员工敢于表达不同的观点，说明团队沟通氛围很好。员工有意见不敢说才有问题呢！

5 这么说起来也是。我就是怕大家因为争议做不到力往一处用，劲儿往一处使，出现内耗。

6 适度的争议对团队是好事。当争议影响到会议进程和工作效率时，你再出面也不迟。

问题拆解

　　会议中出现不同意见和争执不一定是坏事，适度的争议有助于激发团队活力。有争议，是团队开放文化和畅所欲言的表现。当然，过犹不及，过激的争议不仅对会议管理不利，对长久的团队工作也不利。团队管理者要掌握尺度，平衡争议的程度。

方法工具

工具介绍

会议争议处理

没有争议的会议并不一定好，适当的争议是团队活力和有效沟通的表现。过激的争议同样对团队不利，过于激烈的争议如果得不到有效管控，不仅会降低会议效率，让会议难以达成目标，而且可能影响团队的内部团结，降低团队的工作效率。

团队管理者既不能让会议中完全没有争议，形成表面上的一片祥和；也不能让会议中的争议过于激烈，影响会议推进和正常工作。

会议中的 4 种争议状态

会议中完全没有争议不一定是好事。如果会议总是一团和气，所有人的意见高度一致，可能是因为参会人员没有表达的机会，或缺乏表达的激情，也可能是因为参会人员迫于上级压力不敢表达个人想法。

比较少的争议虽然比零争议好一些，但很多时候仍然是缺乏有效沟通和意见表达的表现。比较少的争议有时候也是团队缺乏创造力的表现，可能是团队成员对工作没有主见，对变化缺乏反应。

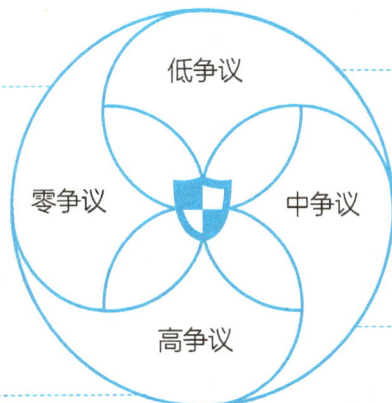

低争议

零争议

中争议

高争议

会议中争议过大也不是好事。过分的争议可能会产生严重的破坏性，是一种没有秩序、拒绝合作的表现。过分的争议还可能会影响员工情绪，产生内耗，引发内部矛盾，影响团队的正常工作。

适度的争议是会议管理的最佳状态，能够激发团队的活力和创新意识，促进团队成员反思，强化团队内部的沟通，让团队成员更了解彼此。适度有益的争论反而能促进团队成员之间的情感。

应用解析

会议中应对争议的 5 种方法

当会议中争执过于激烈，甚至出现人身攻击或偏离主题时，可以暂停会议，让参会人员先冷静下来。暂停过程中可以播放舒缓的音乐，引导争执方转移注意力。

山不转水转，水不转人转。当对一个问题的争执无法达成一致意见时，可以将问题搁置，继续下一个议题，等会后或下次会议再讨论有争议的议题。

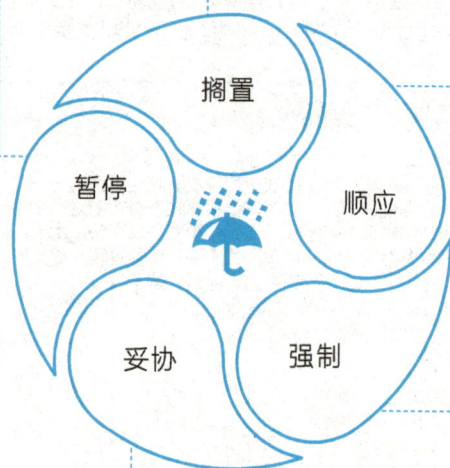

搁置

暂停

顺应

存在争议的各方可以顺应某一方的意见。顺应有时候可以自然发生，有时候需要引导。会议主持人或团队管理者可以审时度势，引导各方的意见。

妥协

强制

俗话说退一步海阔天空，有时候存在争议的各方只需要各退一步，就能找到某个共同点，争议可能马上就能解决。这里同样需要会议主持人或团队管理者的引导。

当争议难以调和时，为推进会议，团队管理者可以用管理者的权威，明确发表自己的观点，将其变成团队必须遵守和执行的准则，强制各方统一意见。

小贴士

当争议刚出现时，会议主持人和团队管理者不必立即出面干预和遏制争议。团队管理者要允许团队中有不同的声音，鼓励员工敢于发表不同的意见。更多元的思想有助于激发团队活力，产生更多创意。

3.3.3　有备无患：会议突发状况怎么办

问题场景

1 我们有一次开会忽然遇到会议室停电，结果一屋子的人一时间都不知所措了。

2 遇到这种突发状况，首先要冷静，不能自乱阵脚。

3 慌乱主要是因为我们都没有经验，之前没遇到过这种情况。

4 有些突发状况就算开再多会，也很难遇到，不能靠经验来解决突发状况。

5 不靠经验，那要靠什么呢？

6 要提前思考可能出现的各类问题，提前做好准备和预案。如果你们有备用会场或备用开会方式，就能很从容地应对这个问题。

问题拆解

　　遇到突发状况，一定要保持冷静，沉着应对。突发状况既然是突发的，就具备一定的偶然性和不确定性，不能全部依靠经验来处理突发状况，而应当通过提前的准备，为可能出现的突发状况想好应对预案。

方法工具

工具介绍

突发状况应对

会议中可能出现的突发状况有很多。当会议出现突发状况时，会议主持人和团队管理者首先要保持冷静。慌乱的情绪对解决问题没有任何帮助。根据当时的情况，分析当前的形势和资源，沉着地做出相应判断。

突发状况很难被预知，但并不是完全不可被预料的。通过提前查找可能的状况，提前做好准备，有助于应对突发状况。

会议中可能面临的 6 类突发状况

会议过程中如果突然发现周围产生噪声，可以找到噪声的源头，与噪声源头协商减轻噪声或停止产生噪声。

会议进行过程中如果设备突发故障，导致会议运行受到影响，应及时调试、维修设备或立即使用备用设备。

会议开始后，可能出现人员不齐的情况。如果不影响会议，可以先开始会议，同时联系未到场人员；如果影响会议开始，会议主持人可以先行开场，做预热和准备。

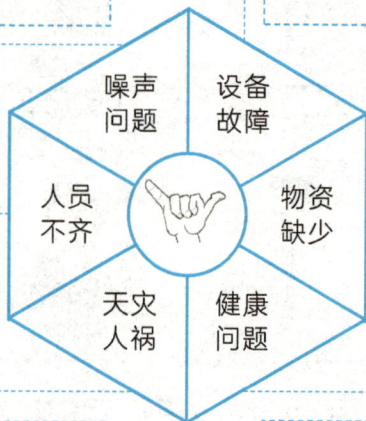

会议中的某类物资消耗高于预期，出现该类物资短缺时，可以评估物资的必要性，如果确实需要，立即联系就近的商超购买。

- 噪声问题
- 设备故障
- 物资缺少
- 健康问题
- 天灾人祸
- 人员不齐

会议过程中如果出现火灾、地震、事故等情况，应视情况疏散人群，寻找安全通道，维持参会人员的秩序，有序撤离到安全区域。

会议中如果参会人员的身体健康出现问题，应及时拨打120，说明会议地点，等待医护人员到来。如果现场有懂医护知识的人员，可以采取正确的方式予以救治。

应用解析

预防会议突发状况的 4 个关键

在会议开始前，提前检查会议需要的设备、物资、会场及会场周围环境，提前观看天气预报等。总之，在会议开始前投入精力检查，能显著减少会议突发状况的发生。

在会议开始前，可以模拟会议的举办过程，进行提前预演。预演过程同时也是检查设备、物资、会场等的机会。会议预演也有助于对正式会议的时间控制。

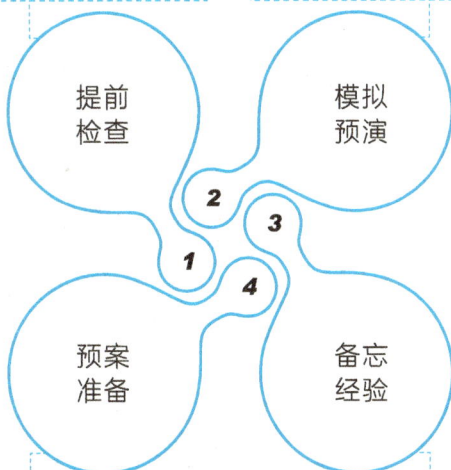

提前
检查

模拟
预演

2

3

1

4

预案
准备

备忘
经验

永远准备好B计划；能有备用会场的尽量准备好备用会场；能准备两套设备的提前准备两套；能多准备的物资，适当多准备一些；提前准备好简易医疗包等。

之前会议形成的备忘和组织会议的经验能够为可能出现的突发状况提供灵感。所以不仅要做好会议的备忘和经验总结，还要在组织会议时用好。

── 小贴士 ──

　　与其想法应对会议的突发状况，不如提前预防会议可能产生的突发状况。有准备，有预案，就算缺乏经验，遇到突发状况也可以做到处乱不惊，否则就是将所有应对突发状况的压力给到会议主持人。就算会议主持人能力强、经验足，有时候也会因为没有准备而难以应付。

04

会议结束后的坚决落实

💎 本章背景

1

有了高质量的会前筹备和会中管控，会议就能顺利运行并结束了。

2

会议结束并不代表会议相关的所有工作都结束了，反而是会议工作落实的开始。

3

确实，我们之前会议结束后的工作落实就做得不够好。

4

是不是常常出现会前"激动"，会上"感动"，会后"一动不动"的局面？

5

对对对，就是那种状态！我们该如何保证会议后的工作落实呢？

6

会后要有检查、评估和跟踪，你检查什么，员工就会做什么。至于你会上布置了什么，只是员工做事的参考。

背景介绍

会议形式上的结束不代表会议真的结束。为了让会议达成诉求，让会议成果有效落地，在会议结束后，团队管理者要做好会议结束后的检查、跟踪和评估工作。其中比较重要的工作有 3 类，分别是会议工作落实、会议质量评价和会议结果反馈。

4.1　会议工作落实

　　会议结束后，团队管理者首先要保证会议过程中布置的工作得以落实。要落实会议工作，一是要明确会议期望的结果是什么；二是要明确在落实会议工作方面的分工是什么；三是要明确会议工作落实的程序和流程是什么。

4.1.1　取得成果：达成会议期望的 3 类结果

🔒 问题场景

1 我们当前有个很大的问题是会议结束后没有结果。

2 要让会议有结果，首先要明确会议期望达成的结果是什么。

3 会议期望达成的结果不就是会议目标吗？

4 会议期望的结果是为了实现目标，并不是目标本身。会议期望达成的结果通常有3类，分别是行为结果、任务结果和价值结果。

5 不对吧？我们很多会议是为了改变参会人员的思想和态度啊。

6 如何判断参会人员的思想或态度转变？最终不还是得通过行为表征吗？

问题拆解

　　所有举办会议的团队管理者都期望会议有效，可每场会议应当取得的成果是什么，很多团队管理者却并没有想清楚。如果团队管理者自己都不清楚会议应当取得的成果，会议最终没有结果实属正常。会议期望的结果是为会议目标服务的，但并不等于会议目标。

方法工具

工具介绍

会议期望达成的 3 类结果

一般来说，会议期望达成的结果可以分为 3 类：行为结果、任务结果和价值结果。这 3 类结果的落脚点和侧重有所不同。

行为结果是期望参会人员在会议后做出某类行为或发生某个事件。

任务结果是期望参会人员在会议后完成某项任务或实现某个项目。

价值结果是期望参会人员在会议后达成某个业绩或创造某种价值。

不同的会议期望结果对应的评价方式也有所不同。

会议期望达成的 3 类结果

任务结果指某项任务或某个项目完成的情况、得到的结果。任务结果聚焦于任务目标，一般指目标的结果或完成情况。

任务结果

行为结果

价值结果

行为结果指某种行为或某类事件做出的变化、得到的结果。行为结果一般聚焦于具体事件，指完成事件的数量或质量。

价值结果指某种业绩或某类价值达成的情况、得到的结果。提高效益、提高效率、降低成本或降低风险都可以是价值结果。

应用解析

价值结果的 4 个维度

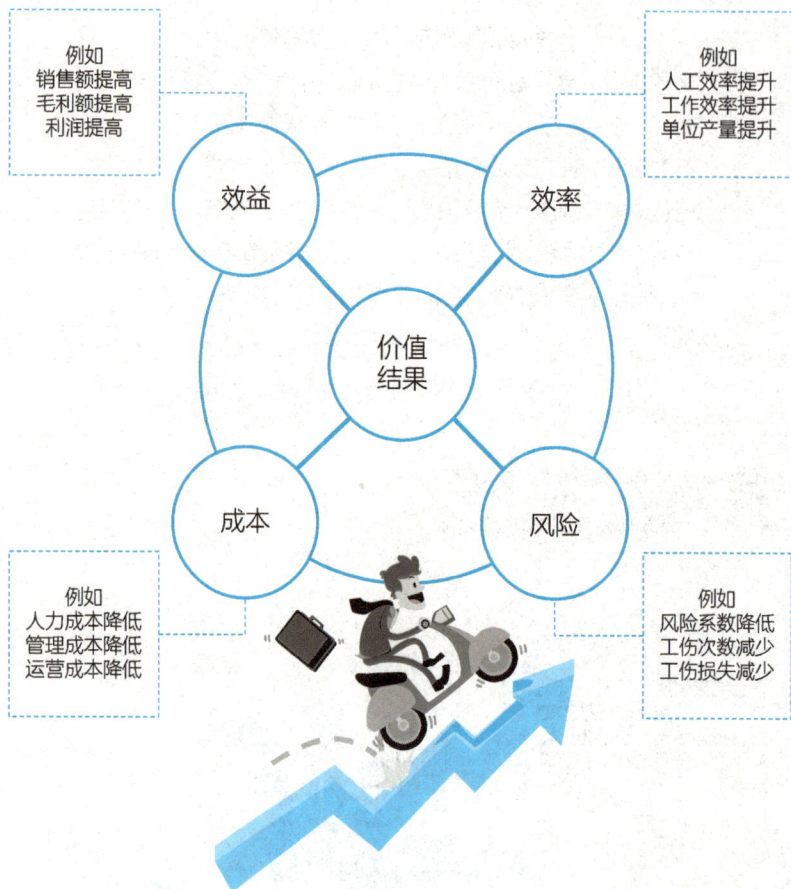

例如
销售额提高
毛利额提高
利润提高

例如
人工效率提升
工作效率提升
单位产量提升

效益

效率

价值
结果

成本

风险

例如
人力成本降低
管理成本降低
运营成本降低

例如
风险系数降低
工伤次数减少
工伤损失减少

小贴士

　　需要注意的是，真正的创造价值，是在其他维度不变差的情况下，优化其中某一个维度或某几个维度。如果某维度变好的前提是另外维度变差，属于等价交换或负价值交换，不能算创造价值。例如，效益提高10个单位的代价是效率降低15个单位，则不能算创造价值。

4.1.2　明确分工：落实会后工作的 4 类角色

问题场景

1 我们以前会议结束后也会有检查，可就算检查了似乎也还是没有用。

2 咱们之前都是谁在实施会议后工作的检查呢？

3 是负责做会议纪要的员工，我让他做每次会议结果的跟踪。

4 他做了会议结果的跟踪，把结果给到你之后，你又做了什么呢？

5 我……就是看了看，知道了情况而已……

6 所以只有会后工作的检查是不够的，还要有针对检查结果采取的一系列措施。

问题拆解

很多会议结束后没有结果的原因是缺少监督和检查环节，但有了监督和检查环节，不代表会议期望的结果就能得到落实。如果只有监督和检查，却没有针对检查结果的一系列措施，员工依然不会重视会议结果。

方法工具

工具介绍

落实会后工作的 4 类角色

与会后工作落实相关的角色有 4 类，分别是责任人、检查人、追责人和评价人。

责任人是对完成会议要求和布置工作负有责任的人。

检查人是对责任人工作落实情况实施监督和检查的人。

追责人是对责任人未落实的工作进行追究责任和做出惩罚的人。

评价人是对责任人落实的工作进行评价，并实施肯定、辅导或纠偏的人。

落实会后工作的 4 类角色

责任人是需要完成会议布置工作或完成会议要求的人。需要注意的是，一项工作可能有主要责任人和次要责任人，也可能有关联责任人。

检查人是对责任人的工作落实和完成情况进行监督和检查的人。检查人要在会议要求的工作截止时间前完成检查。

2 检查人

1 责任人

3 追责人

评价人

4

评价人承担着纠偏的职责，是评价责任人工作成果的人。有时候责任人虽然按照会议的要求完成了工作，但工作完成的质量不行或方法不对，就需要评价人纠正。

追责人是如果责任人没有按照会议要求完成工作，追究责任人责任的人。追责人既需要有一定的权限，也需要有追责的依据。

应用解析

落实会后工作 4 类角色的关键要务

在截止日期前实施监督和检查
发现责任人工作中的异常状况
向追责人报告监督和检查异常

评估责任人未完成工作的原因
对因主观原因工作失职的情况追责
对因客观原因未完成工作的情况做工作调整

按照会议要求执行工作安排
及时向上级提出疑问或难题
向上级提出必要的资源支持

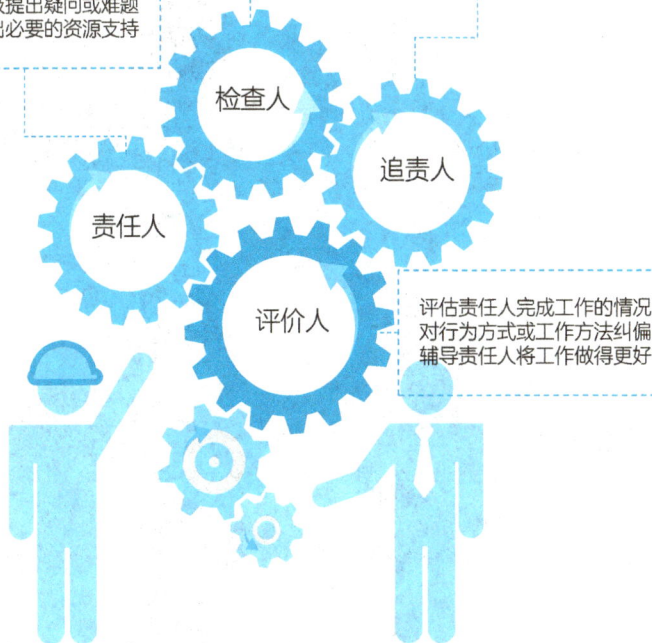

检查人

追责人

责任人

评价人

评估责任人完成工作的情况
对行为方式或工作方法纠偏
辅导责任人将工作做得更好

小贴士

在人数较少的小团队中，落实会后工作的 4 类角色中的检查人、追责人和评价人可以是同一个人，即由团队管理者亲自担任这 3 个角色。对于人数较多的团队，这 3 类角色可以由不同的人担任，但需要注意各司其职。

4.1.3 过程监控：会议工作落实情况检查

问题场景

1 我现在终于明白为什么我们会后的工作总是得不到落实了，就是没有搞清楚会议的3类结果和4类角色。

2 搞清楚之后，还要注意让会议工作落实流程化。

3 我可以把这个变成制度，写在会议的规章制度中。

4 只是变成制度不一定能保证会议工作落实得以真正实施，因为这需要人时时想着制度，刻刻落实制度。

5 那怎么办呢？

6 如果有办公系统的话，可以把会议工作落实的流程编辑进系统，让其变成一个必须要运行的流程。

问题拆解

很多会议结束后不了了之，就是因为会议上提出的要求和工作在会后没有得到落实。很多时候没落实的原因不是因为没有相关制度，而是因为忘记与怠于执行。要避免这种情况，可以将会议工作落实变成一项系统或流程中的机制，变成每次会议后必须要进行的环节。先固化、再优化。

方法工具

工具介绍

会后工作的过程监控

　　会议结束后，团队管理者应对形成的决策或待完成的工作指定责任人、时限并进行追踪，同时明确追踪的频率和沟通汇报的频率，直到会议中的所有事项得以落实。

　　团队要建立起会议后事项的跟踪流程，会议的每项决议都要有跟踪、稽核检查，要有明确的检查人。如果会议运行出现意外情况，可以及时发现，适时调整，确保各项会议决议都能够完成。

会后工作过程监控的 4 个维度

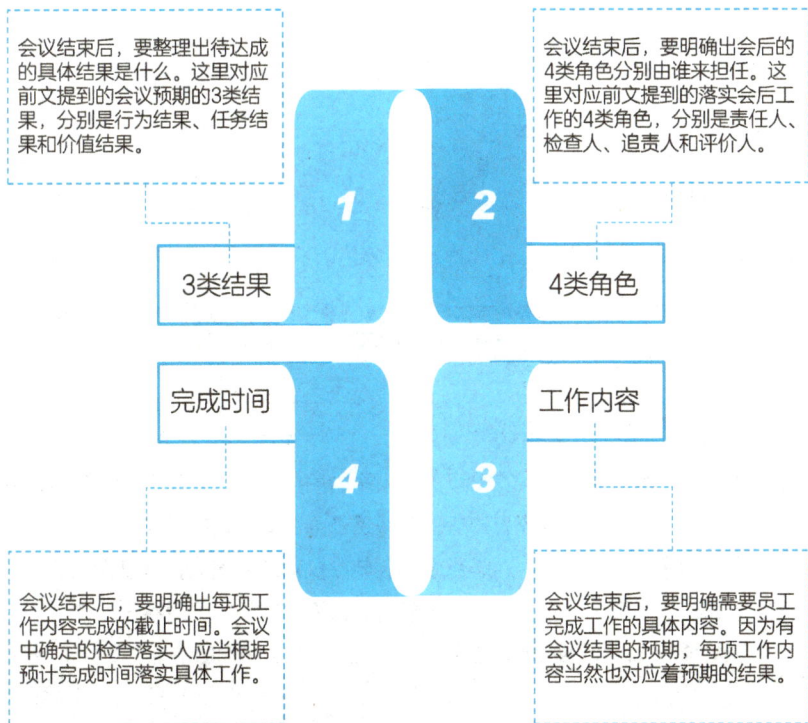

会议结束后，要整理出待达成的具体结果是什么。这里对应前文提到的会议预期的3类结果，分别是行为结果、任务结果和价值结果。

会议结束后，要明确出会后的4类角色分别由谁来担任。这里对应前文提到的落实会后工作的4类角色，分别是责任人、检查人、追责人和评价人。

1　3类结果

2　4类角色

4　完成时间

3　工作内容

会议结束后，要明确出每项工作内容完成的截止时间。会议中确定的检查落实人应当根据预计完成时间落实具体工作。

会议结束后，要明确需要员工完成工作的具体内容。因为有会议结果的预期，每项工作内容当然也对应着预期的结果。

应用解析

会后工作检查样表

会后工作检查表应当作为下一次会议正式开始之前，对上期会议落实情况评估的文件。对不重视会议结果、工作开展不力的责任人，应当追责。这样做能帮助团队全体员工养成重视会议结论的习惯。

会议名称	会议编号	工作内容	预期结果	责任人	资源需求	预计完成时间	检查落实人	检查落实时间	工作完成情况	结论
A	20X2001			张三		20X2年X月X日	甲	20X2年X月X日		
B	20X2002			李四		20X2年X月X日	乙	20X2年X月X日		
C	20X2003			王五		20X2年X月X日	丙	20X2年X月X日		

如果工作内容达成预期，则表示该工作完成；如果没有达到预期，检查落实人应当与责任人确认工作没有完成的原因，并明确推迟的完成时间。如果工作内容有变化，应当记录变化的原因。

小贴士

在小团队中，上表的检查落实人同时肩负着追责人和评价人的职责。如果每项工作还有对应的关联责任人、追责人或评价人，可以在上表中分别列出。对于用系统实施会议管理的团队，可以将上表固化到系统中，作为每次会议后必走的流程之一。不用系统做会议管理的团队，团队管理者应肩负起落实会议工作的职责。

4.2 会议质量评价

高效的会议价值高，低效的会议价值低。要判断会议价值，需要评价会议结果，做会议质量评价。会议结果评价是保证会议持续高效运转的关键。常见的会议质量评价有 3 种，分别是会议组织评价、会后行为评价和会议收益评价。

4.2.1 组织评价：效率不断提高

问题场景

1 评价会议质量，就是看会议组织得好不好吧？

2 会议组织得好不好只是评价会议质量的一个维度，除此之外还有别的维度。

3 还有什么维度呢？

4 还有会议后的行为评价和收益评价。

5 每个会议都要做这3种维度的评价吗？

6 并不是，这也要看会议诉求。

问题拆解

　　会议质量评价并非只有会议组织质量评价，还有评估会议有没有改变员工行为的会后行为评价和评估会议有没有带来价值收益或绩效提升的会议收益评价。具体用哪种会议质量评价，要视会议诉求确定。

方法工具

工具介绍

会议组织评价

会议组织评价是对会议组织情况的评价，指的是对会议总体组织情况，包括前期准备、中期把控和后期跟踪的评价，也可以指参会人员对会议组织的满意度，包括对会议的场地环境、设施设备、会议资料、会议内容等的意见或建议。

在会后过程监控中，除了评估会议结果外，也可以对会议筹备阶段和会议运行过程做总结、复盘和评估。这样做可以帮助团队管理者发现会议本身的问题，让之后的会议更高效。

会议组织评价最常用的方法包括问卷调查法、个别访谈法、小组讨论法、观察分析法等。

会议组织评价的 4 种方法

通过向所有或部分参会人员发放调查问卷，收集参会人员对会议组织情况的评价。问卷调查法的优点是收集和统计比较容易，缺点是意见缺乏针对性。

通过分别访谈参会人员，获得对会议组织的意见或建议。个别访谈法的优点是可以深入了解参会人员的真实想法，缺点是实施成本比较高，比较耗时间。

问卷调查法

个别访谈法

观察分析法

小组讨论法

在会议过程中作为第三方观察会议的组织过程存在哪些问题。观察分析法的优点是可以通过观察发现细节，缺点是可能比较主观。

通过会后组成专门小组，讨论会议可能存在的问题。小组讨论法的优点是可以集思广益，缺点同样是实施成本比较高。

应用解析

会议组织评价打分表

问题	非常好	很好	好	一般	差
1.您对会议导向、价值和意义的理解程度	5	4	3	2	1
2.您认为本次会议内容对您工作的帮助程度	5	4	3	2	1
3.您对本次会议时间安排的满意程度	5	4	3	2	1
4.您认为本会议的议程安排的合理程度	5	4	3	2	1
5.您认为会议过程展示内容的清晰明了程度	5	4	3	2	1
6.您对本次会议主题选择的满意程度	5	4	3	2	1
7.您认为本次会议内容与您期望的符合程度	5	4	3	2	1
8.您认为会议主持人的语言表达清晰程度	5	4	3	2	1
9.您认为会议主持人的专业程度	5	4	3	2	1
10.您认为会议主持人的控场能力如何	5	4	3	2	1

1.您对本次会议的哪部分更感兴趣？

2.您认为本次会议的哪部分没有达成目标？

3.您对本次会议有何建议？

小贴士

会议组织评价打分表中的分值可以是"5、4、3、2、1"5项，也可以少于5项，例如将评分项仅设置为2项——"满意"和"不满意"。较多的分值一方面不利于打分；另一方面分值段设置越多，分值离散度越小，分值段设置越少，分值离散度越大。设置问卷的目的是为了发现问题，所以结果离散度大的分值反而便于快速发现问题。

4.2.2 行为评价：引发行动改变

问题场景

1 我发现很多会议开完后，员工依旧我行我素，行为上并没有发生变化。

2 这说明咱们之前没有做好会后的行为评价。

3 会后行为评价和会议工作落实听起来好像是一回事。

4 并不是一回事，会后行为评价的主要落脚点在员工行为上；会议工作落实的主要落脚点在工作任务上。

5 我平时比较忙，会后行为评价就让落实会议工作的员工来帮我做吧。

6 一些简单的事务性工作可以让员工协助你，但最好由你亲自牵头检查员工行为，这样既能起到评价效果，又能起到监督作用。

问题拆解

　　会后行为评价对团队管理者来说意义重大，一般应由团队管理者亲自实施。如果这项工作交给权限较低的员工做，一方面，该员工很难在评价行为的过程中对平级或上级辅导、追责；另一方面，该员工可能会把这项工作当成一项任务来完成，很难起到针对问题的交流和沟通作用。

方法工具

工具介绍

会后行为评价

会后行为评价，是衡量参会人员在会议结束后行为的变化情况，是了解当会议要求员工改变行为时，员工有没有真正改变行为。

会后行为评价的实施方法通常是衡量参会人员在会议前后工作的变化情况，了解参会人员在会议后有没有按照会议要求做出行为上的改变。

这种评价方式一般是由平级或上级观察参会人员在会议前后行为上的差异，评价方法可以采用绩效评估法、个别访谈法、小组讨论法和行为观察法等。

五环模型

召开会议前员工的工作状态、行动方式、行为表现等。这里主要体现的是员工当前行为层面存在的问题。

召开会议后员工的工作状态、行动方式、行为表现等。这里主要体现的是员工在会议前和会议后出现的变化。

会后

会前　时间

人员

检查参会人员会后行为的人员。这里的检查人员最好是团队管理者本人，或者有一定管理权限的人员。

会议要求做出行动改变或工作任务的截止时间。团队管理者应在该时间之前完成行为评价。

应用解析

会后行为评估检查样表

序号	姓名	会议接到工作任务	预期达成结果	具体执行措施或行动	检查人	评估时间	评估结果
1	王XX	1.XXX 2.XXX 3.XXX	X月底，A产品销售增加30%；B产品销售增加25%，C产品毛利率不低于10%	1.XXX 2.XXX 3.XXX	李XX	XXX	全部执行到位
2	张XX	1.XXX 2.XXX 3.XXX	X月底，自动补货率达到80%，生鲜毛利率达到18.86%	1.XXX 2.XXX 3.XXX	徐XX	XXX	全部执行到位
3	于XX	1.XXX 2.XXX 3.XXX	X月底，生鲜产品盘点损耗率降低0.5%，销售预算增长25%	1.XXX 2.XXX 3.XXX	刘XX	XXX	生鲜损耗目标达成，销售增长待9月份评估

小贴士

　　会后行为评估的检查重点在员工的行为。这项工作不应等到会议布置的任务完成时才做，在会议任务完成截止时间之前，就应实施过程中的检查和监控，便于团队管理者发现问题后及时提醒员工做出调整，保证会议达到预期结果。

4.2.3　收益评价：提升绩效水平

问题场景

1 判断会议开得成不成功，主要是通过观察会后员工的行为有没有得到改变吧？

2 还可以更进一步，改变行为是为了改善绩效。

3 这就是前面提过的会议收益评价吗？

4 是的，开会质量评价的最高境界，是判断会议实现的价值。

5 怎么计算会议实现的价值呢？

6 根据会议的导向不同，通常有4种会议收益评价指标，分别是销售增长、效率提高、差错减少和留住客户。

问题拆解

　　改变行为的最终目的应体现在绩效改善上。如果只是行为发生变化，但绩效却没有改善，则不能说会议取得成功。如果会议结束后绩效水平提升，则可以在一定程度上表明会议是有成效的。

方法工具

工具介绍

会议收益评价

会议收益评价是看会议结束后，工作成果有没有体现在价值结果上，是否创造了价值。

会议收益可以通过评估会议投资回报率的方法来计算，会议投资回报率的计算公式如下。

会议投资回报率 =［（会议总收益 − 会议总成本）÷ 会议总成本］×100%

在会议投资回报率的计算公式中，"会议总收益 − 会议总成本"也叫会议净收益；会议总成本应把会议相关的费用全部类别都算在内。

会议总收益根据会议的目的和类别不同有所不同，常见的会议收益评价指标有 4 种，分别是销售增长、效率提高、差错减少和留住客户。

常见计算会议收益的 4 种情况

如果会议最终目的促进销售增长，则会议总收益计算公式为会议总收益=人均销售额增长×销售利润率×参会人数。

如果会议最终目的是提高劳动生产率，则会议总收益计算公式为会议总收益=劳动生产率提高的比例×人均工资福利×参会人数。

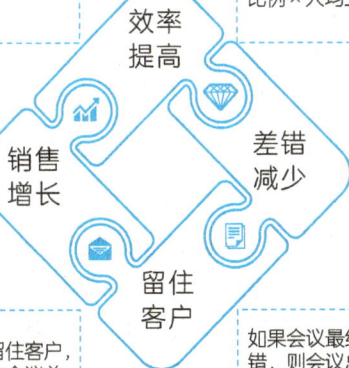

效率提高

销售增长

差错减少

留住客户

如果会议最终目的是要留住客户，则会议总收益计算公式为会议总收益=留住的客户数×从每位客户获得的平均收益。

如果会议最终目的是减少某些差错，则会议总收益计算公式为会议总收益=平均每一个差错的成本×平均每人避免差错的次数×参会人数。

应用解析

会议前后业绩对比案例

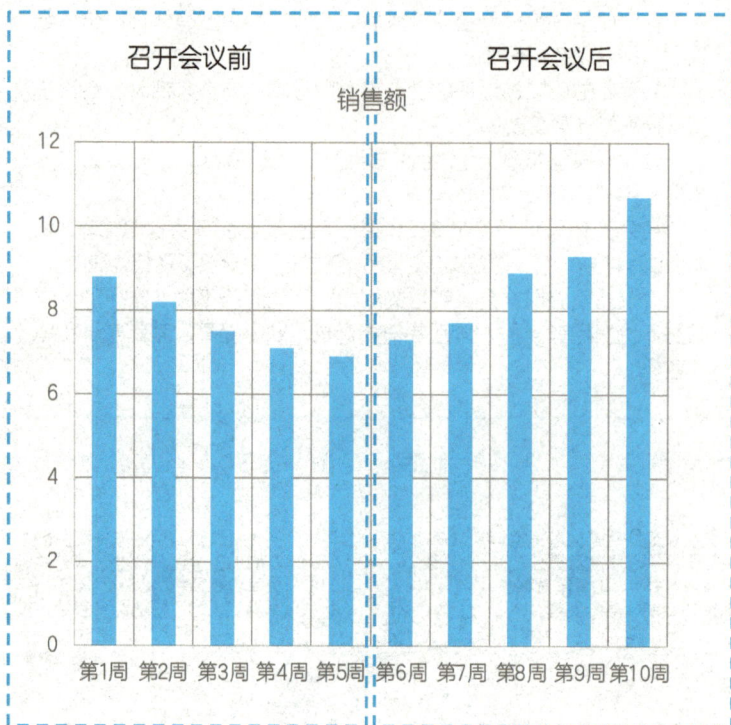

召开会议前　　　　召开会议后

销售额

小贴士

通过对会议前后产品销售业绩的对比，能够清晰地看出会议前后销售额的变化情况。会议前的销售业绩逐渐下降，会议后的销售业绩有明显增长。当然，销售业绩的变化与多种因素有关，不能简单地认为全是会议的功劳，但却能在一定程度上说明会议是有效果的。

4.3　会议结果反馈

　　会议结果反馈是会议工作的检查落实人、评价人与责任人就会议工作的执行情况、取得的成绩、存在的问题、下阶段的工作目标、未来的工作计划等进行双向交流和沟通的过程。通过会议结果反馈，引导员工持续做出正确的行为。

4.3.1 行动修正：持续做对的事

问题场景

1 有了会议工作落实和会议质量评价，会议结果从此就有保障了。

2 会议工作落实和会议质量评价都是会议管理的机制，除此之外，还要做好对员工执行工作的反馈沟通，也就是会议结果反馈。

3 会议结果反馈指的是什么？

4 就是针对员工在会议后做得好的工作和做得不好的工作与员工持续沟通。

5 听起来好像有点耗费时间啊。

6 我们实施会议管理，最终目的是让员工变得更好，让团队变得更好，要实现目标，少不了沟通反馈的环节。

问题拆解

会议管理的目的不是给员工挑毛病，不是强硬地对员工提出要求，而是肯定员工的成绩，发扬员工的优势，修正员工的错误，帮助员工做得更好。能否达成会议管理的目的，不仅取决于制度或流程，还取决于会议结果反馈的实施情况。

方法工具

工具介绍

会议结果反馈

会议结果反馈是团队管理者（检查落实人／评价人）与员工就会议工作的落实情况进行的沟通反馈。通过会议结果反馈，团队管理者不仅能为员工的努力指明方向，还可以激发员工的上进心和工作积极性，从而提高团队的整体绩效。

会议结果反馈的本质，是团队管理者和员工就会议后续工作开展情况的沟通交流，是员工不断修正行为、提升技能、提高绩效的必要手段。

会议结果反馈的四大作用

通过对会议结果的沟通，既有助于团队管理者客观地对员工的工作做出评价，又有助于员工正确地认识自己的工作成果，还有助于两者就工作达成共识。

通过会议结果反馈，能够让员工意识到自己工作的进步，便于团队管理者及时对员工实施正面反馈，及时激励员工；同时能让员工意识到问题，从而及时准确地做出改变。

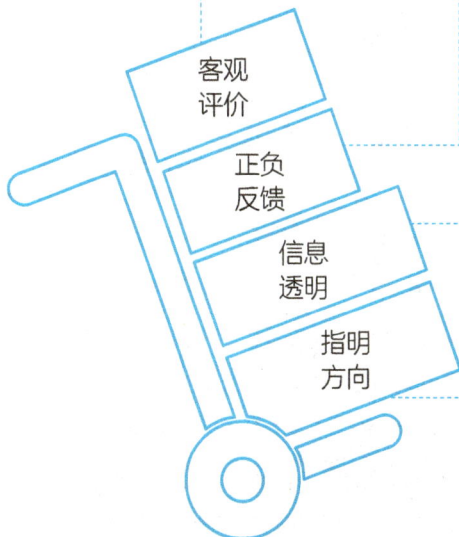

客观
评价

正负
反馈

信息
透明

指明
方向

会议结果反馈能够在一定程度上保证工作评价的公开性和公平性，减少团队管理者和员工间的信息不对称，让工作相关信息变得透明化。

会议结果反馈有助于员工明确下一步的工作目标和方向，形成下一步的工作计划和行动方案，有助于团队管理者和员工及时就工作计划做出调整。

应用解析

会议结果反馈的 4 个关键

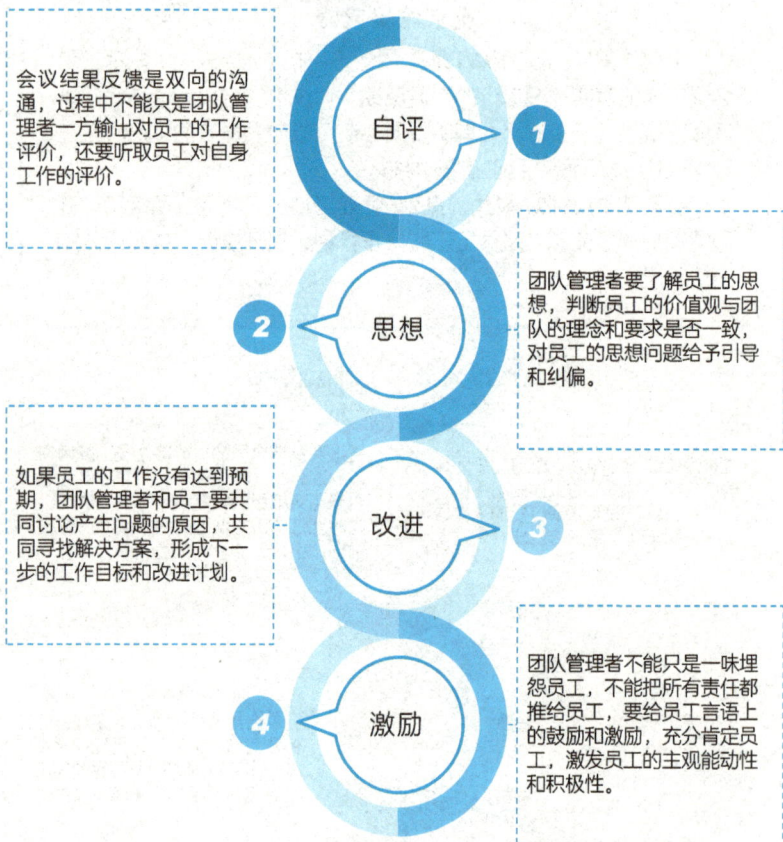

会议结果反馈是双向的沟通，过程中不能只是团队管理者一方输出对员工的工作评价，还要听取员工对自身工作的评价。

自评 1

2 **思想**

团队管理者要了解员工的思想，判断员工的价值观与团队的理念和要求是否一致，对员工的思想问题给予引导和纠偏。

如果员工的工作没有达到预期，团队管理者和员工要共同讨论产生问题的原因，共同寻找解决方案，形成下一步的工作目标和改进计划。

改进 3

4 **激励**

团队管理者不能只是一味埋怨员工，不能把所有责任都推给员工，要给员工言语上的鼓励和激励，充分肯定员工，激发员工的主观能动性和积极性。

小贴士

团队管理者要重视会议结果反馈，并带头实施，把重视工作结果转变为重视沟通过程。将只以结果为导向的会议管理转变为以沟通为导向的会议管理。会议结果反馈不应限于会议布置的工作，也可以与团队整体的工作、员工在做的工作或员工的职业生涯发展相结合。

4.3.2 理解接受：反馈沟通技巧

问题场景

1 我以前也会就员工会议后的工作落实情况和员工沟通，可常常不欢而散，有时还会和员工吵起来。

2 为什么会引发冲突？你是怎么沟通的呢？

3 我就是指出员工的问题呀，员工做得不好，还不能说吗？

4 当然可以说，但沟通要讲究方式方法，直接表达问题可能会让员工产生抵触情绪，难以接受。

5 那我该怎么办呢？

6 要聆听员工的想法，理解员工的真实感受，将心比心，双向沟通。

问题拆解

　　会议结果反馈是一种沟通，既然是沟通，团队管理者就应掌握沟通的技巧。如果会议结果反馈后员工并不接受，甚至产生很多负面情绪，则代表会议结果反馈是失败的。能让员工接受的沟通，才是有效的沟通。

方法工具

工具介绍

会议结果反馈的沟通技巧

良性的沟通能够把信息充分地表达出来，不良的沟通不仅表达的信息可能不全面，而且表达信息的方式可能让别人难以接受。

团队管理者要有效实施会议结果反馈，应当掌握沟通技巧，实施有效的沟通。会议结果反馈中比较常见的沟通技巧有 4 个，分别是双向沟通、平等沟通、多样沟通和肢体语言。

会议结果反馈的 4 个沟通技巧

沟通过程由团队管理者和员工双方共同完成，而且应适当地以员工为主。有的团队管理者实施会议结果反馈时，常常是自己单向的信息输出，这样将无法实现信息交流互通的效果，不利于员工接受。

团队管理者和员工虽然在职位上存在差异，但会议结果反馈的谈话过程不应过分强调这种等级差异。当沟通双方能站在同一个位置上平等交流时，才会有最佳的沟通效果。所以团队管理者在做沟通反馈时要放下架子，和员工平等沟通。

双向沟通

平等沟通

肢体语言

多样沟通

团队管理者在沟通过程中要注意肢体语言。肢体语言会显示人们的真实想法。好的肢体语言会促进沟通效果，不好的肢体语言则对沟通无益。团队管理者不要做无意义的肢体语言，以免分散员工的注意力，影响沟通的效果。

对不同性格、能力、态度的员工，团队管理者所采取的沟通策略应有所不同。对能力强的员工，沟通内容可以倾向于激发员工的责任心；对能力一般的员工，沟通内容可以倾向于辅导和技能培养；对于能力差态度又不端正的员工，可以适当地以严厉的态度沟通。

应用解析

会议结果反馈中聆听的 4 个技巧

团队管理者可以通过一些非语言的行为，例如友好的表情、眼神的接触、时不时地点头、身体自然放松、身体稍微前倾等，让员工感受到团队管理者对谈话是有兴趣的，并已经接收到了员工的信息。

在员工把全部话讲完前，团队管理者不要急着做出评判或纠正，也不要轻易发表观点。团队管理者要认真把话听完，体会和理解对方想要表达的观点后再回应，要站在员工立场去思考，充分理解员工。

认真听完

表现专注

事实重复

善用反馈

团队管理者在倾听时，要适时地给员工简单的反馈，比如"哦""嗯""是的""我明白了"等，来认同对方的陈述，也可以表达想进一步了解对方的想法。反馈不仅来源于言语上的表现，也可以在行动上给予反馈。

为了表示自己在认真倾听，团队管理者可以针对员工陈述的一些事实或观点做简单的重复。比如，"我注意到，你刚才说……，我非常认同""你刚才说的……，我理解的对吗？"等。

小贴士

需要注意的是，会议结果反馈中沟通的主要目的是解决实际问题，而不是漫无边际地拉家常。沟通开始时，团队管理者可以为了缓和气氛，简单聊些非工作相关话题，但时间不宜过长。当正式进入主题时，双方应保持高效沟通，快速聚焦问题，针对问题迅速讨论，以便形成方案，解决问题。

4.3.3 工作辅导：员工持续成长

🔒 问题场景

1 有时候不是我不沟通，有些员工就算我沟通了依然还是做不好。

2 这种情况你要弄清楚员工做不好的原因究竟是什么。

3 我之前还真没注意过，不过想一想应该有很多种原因吧。

4 多数情况原因有3种，一是员工的态度和意愿问题；二是员工的能力问题；三是员工的资源和条件问题。

5 知道原因后，我该怎么办呢？

6 你要根据具体原因，进行有针对性的员工辅导。

问题拆解

　　员工做不好会议布置工作的原因有很多，可能是态度问题，也可能是能力问题，还可能是资源问题。团队管理者要了解员工完不成工作的真实原因，给员工有针对性的辅导。不论是行动修正还是沟通交流，会议结果反馈应当通过引导员工成长，最终导向团队达成目标。

方法工具

工具介绍

工作辅导的 GROW 法则

　　工作辅导能够帮助员工达成目标，提升员工的绩效水平。团队管理者在会议结果反馈中对员工实施工作辅导时，可以运用 GROW 法则。GROW 法则包含了工作辅导的 4 个关键动作，分别是明确目标（goal）、认清现实（reality）、确定方案（options）和达成意愿（will）。

工作辅导的 GROW 法则

团队管理者要和员工明确当下的目标。有了目标，就有了共识和方向，就能让员工清楚自己为了什么而行动。

团队管理者要让员工看清楚当前的状况，包括当前的条件、资源、能力等情况。认清现实是为接下来制定具备可行性和可实施性的方案做准备。

明确目标

认清现实

达成意愿

确定方案

团队管理者对员工实施鼓励和激励，肯定员工的优势，帮助员工发现自己的闪光点，强化其完成工作的意愿，增强员工的主观能动性。

团队管理者和员工一起围绕目标制订计划和方案。方案是达成目标的行动纲领，有了方案，员工将更加清楚自己该做什么。

应用解析

传授员工技能的 6 个步骤

5.固化
员工在工作中不断按照团队管理者传授的方法持续练习，直到将这种方法变成习惯，变成固定操作。这个过程中团队管理者仍需不断指导和纠偏。

6.创新
员工与团队管理者一起探讨，在现有方法的基础上，是否有可能进一步创新，达到提高效益或效率、降低成本或风险的目的。

3.模拟
团队管理者要求员工按照自己传授的方法或技巧以及自己的示范操作一遍。在这个过程中，团队管理者要观察员工的操作与自己传授的方法是否一致。

4.改善
团队管理者针对员工操作中存在的问题，给予指导和纠正。必要时，团队管理者可以重复第1步和第2步，并让员工重新模拟，持续重复，直到员工达到要求为止。

1.告知
团队管理者首先应告诉员工某项工作或技能的具体操作流程、步骤、方法以及操作过程中的注意事项等。总之就是把如何做好这项工作相关的信息传递给员工。

2.示范
团队管理者实际操作一遍，向员工演示，让员工观摩学习。在这个过程中，员工可以针对团队管理者的操作提出自己不理解的疑问或想法。

小贴士

传授员工技能本身也是一项技能，有方法和技巧。许多团队管理者自己工作做得非常出色，能力比较强，但要教员工时却不知道该从何处下手。对于不知道如何传授员工技能的团队管理者，要有效传授员工技能，可以参照以上 6 个步骤。

05

不同内容形式的
会议如何开

◈ 本章背景

1 原来高效开会的学问这么多，学会了这些，我以后就知道该怎么开会了。

2 别急，不同内容形式的会议开法也是不一样的。

3 不同内容形式的会议指的是什么呢？

4 根据发起人的不同和诉求的不同，可以把会议划分成不同类别。

5 想一想平时要开这么多会，觉得成本好高啊。

6 其实除了线下会议外，远程会议往往能更加低成本、高效率地达成目标。

背景介绍

　　会议形式有很多，根据发起人的不同，会议可以分成自上而下的会议、自下而上的会议和全员参与的会议；根据诉求的不同，常见的会议有洽谈会、展览会和跨年会；除了线下会议外，团队管理者可以通过远程会议低成本、高效率地达成目标。

5.1　不同发起人的会议如何开

　　根据发起人的不同，团队中的会议可以分成自上而下的会议、自下而上的会议和全员参与的会议。这些会议类别各有不同的特点和策略，根据不同会议类型的特点，应当采取不同的管控方式。

5.1.1 自上而下的会议

🔒 问题场景

1 根据发起人的不同而划分的3种会议主要差别在哪里呢？

2 主要差异在"信息流"的发起和主要流动方向上。

3 自上而下的会议指的是"信息流"自上而下流动吗？

4 是的，自上而下的会议信息流的发起是上级，信息的流动方向也主要是从上级向下级流动。

5 我们的晨会算不算是一种自上而下的会议呢？

6 如果晨会的主要目的是为了布置工作，算是这种类型。

问题拆解

　　在自上而下的会议中，上级是主角，是信息的主要输出者。当团队管理者有信息想要传达给下级时，可以发起自上而下的会议。自上而下的会议可以定期召开，也可以根据需要临时召开。

方法工具

工具介绍

自上而下的会议

自上而下的会议指的是信息流由上级发起，自上而下传递的会议。自上而下的会议一般由团队管理者发起，召集相关下属参加。

自上而下的会议可以按照某种时间频率定期召开，比如定期的周度、月度、季度、年度等频率的会议形式。

典型自上而下的会议可以包括每天的工作布置会、每周的通知传达会、每月的制度学习会等。

自上而下会议的 4 个维度

自上而下会议常见的开会频率为每天、每周、每月、每季度、每年或临时的。

召开自上而下会议常见的目的/目标是聚焦于工作布置、通知传达、制度学习。

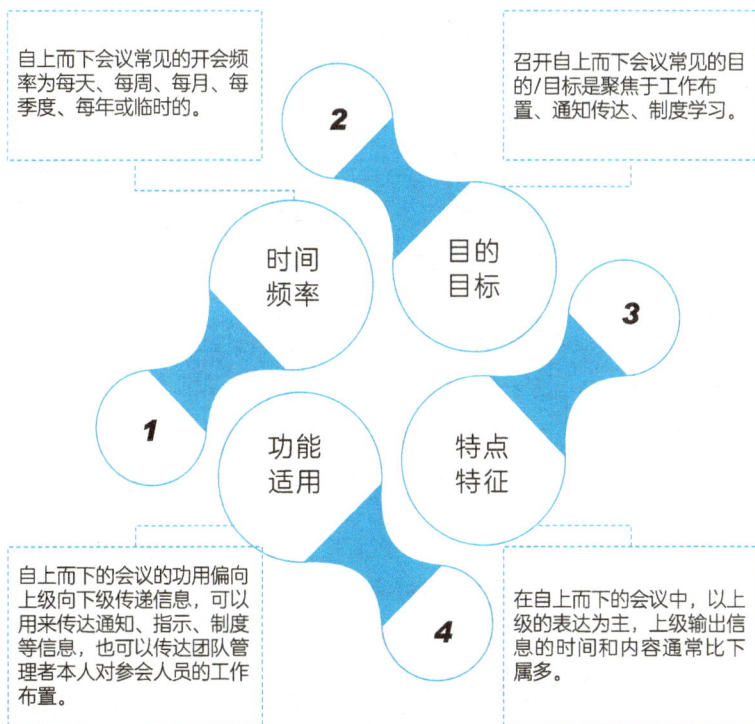

2 时间频率

目的目标

3

1 功能适用

特点特征

自上而下的会议的功用偏向上级向下级传递信息，可以用来传达通知、指示、制度等信息，也可以传达团队管理者本人对参会人员的工作布置。

在自上而下的会议中，以上级的表达为主，上级输出信息的时间和内容通常比下属多。

4

应用解析

自上而下类会议注意事项

因为人的注意力和记忆力有限，如果一次会议传递太多信息，会降低信息的传递效率。在一次会议中，传递的重点信息最好控制在5项以内，而且要分清楚主次顺序。

在传递完信息之后，检查参会人员是否完全接受到这些信息。如果会议内容是布置工作，可以在布置完后，随机抽查参会人员，要求其复述工作内容。

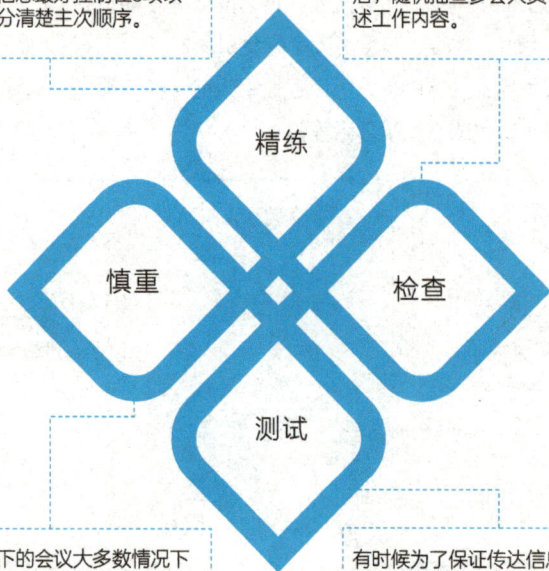

精练

慎重

检查

测试

因为自上而下的会议大多数情况下由团队管理者发起，容易出现会议召开比较随意、不考虑会议目标、不做会议后续跟踪等问题。这类会议要慎重召开。

有时候为了保证传达信息被员工接收，可以在会议结束前增加一个测试环节。例如当会议主要内容是传达公司制度时，可以在会议之后增加考试的环节。

小贴士

汇报工作的对象是上级，所以汇报工作的第一步是要学会向上管理。有效的向上管理，是指能站在上级的角度思考问题，针对不同类型的上级能够采取不同的沟通技巧和应对措施，能够与上级充分沟通，获得上级的信赖。

5.1.2 自下而上的会议

问题场景

1 自下而上的会议指的是信息流自下而上吧?

2 是的,这类会议一般是下属说,上级听完之后给出评价。

3 定期的工作回顾会议就属于自下而上的会议吧?

4 是的,除定期的工作回顾外,还可以有不定期的会议或临时会议。

5 如果是固定频率的话,定期的工作回顾会议一般什么样的频率合适呢?

6 这个不一定,根据工作成果的周期和团队人数,以每天、每周或每月的情况居多。

NO!

问题拆解

　　在自下而上的会议中,下属是主角,是信息的主要输出者。团队管理者可以根据下属的工作进度,设置定期的工作回顾会议;或者根据下属工作的进展情况,设置不定期的工作汇报会议。

🔑 方法工具

工具介绍

自下而上的会议

自下而上的会议指的是信息流由下向上传递的会议，这类会议有时候是由团队管理者发起的，有时候是由下属主动发起的。

自下而上的会议同样可以按照某种时间频率定期召开，比如按照周度、月度、季度、年度等频率；也可以根据给下属布置工作时的评估时间约定，不定期召开。

典型的自下而上的会议包括每天的工作任务评估会、每周的项目进展评估会、每月的业绩评估会和每年的工作述职会等。

自下而上会议的 4 个维度

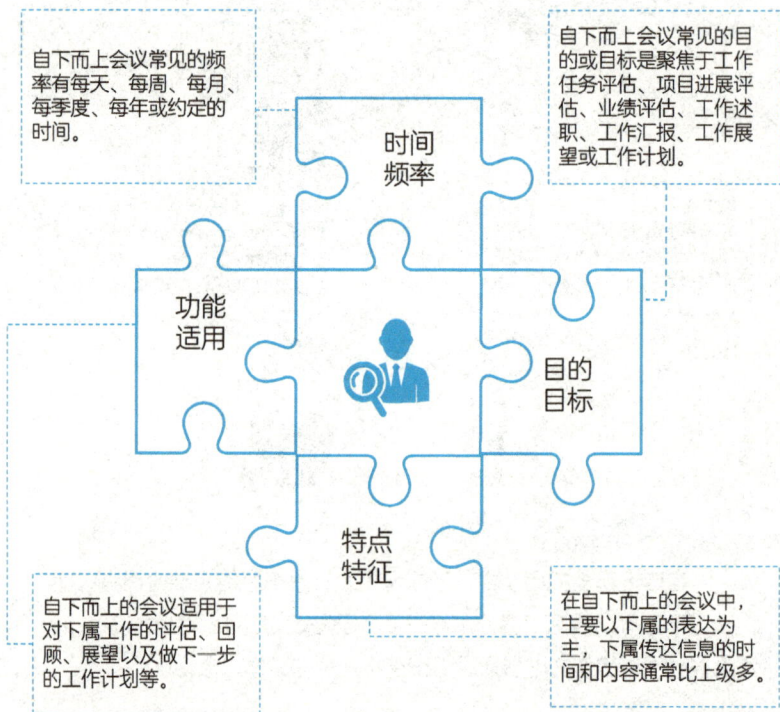

自下而上会议常见的频率有每天、每周、每月、每季度、每年或约定的时间。

自下而上会议常见的目的或目标是聚焦于工作任务评估、项目进展评估、业绩评估、工作述职、工作汇报、工作展望或工作计划。

时间频率

功能适用

目的目标

特点特征

自下而上的会议适用于对下属工作的评估、回顾、展望以及做下一步的工作计划等。

在自下而上的会议中，主要以下属的表达为主，下属传达信息的时间和内容通常比上级多。

应用解析

工作评估会议周期参考

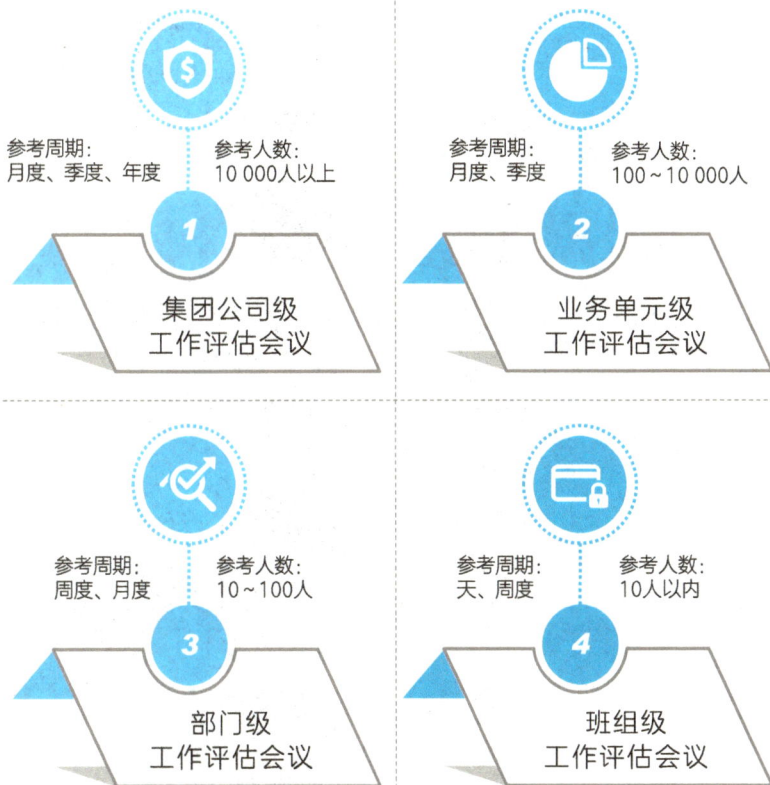

参考周期：
月度、季度、年度　　参考人数：
10 000人以上

1

集团公司级
工作评估会议

参考周期：
月度、季度　　参考人数：
100～10 000人

2

业务单元级
工作评估会议

参考周期：
周度、月度　　参考人数：
10～100人

3

部门级
工作评估会议

参考周期：
天、周度　　参考人数：
10人以内

4

班组级
工作评估会议

小贴士

在自下而上的会议中，要注意团队管理者在会议中的价值。因为自下而上的会议一般带有下属工作汇报的属性，团队管理者对下属工作汇报和工作情况的回应就显得非常重要。同时要注意对会议主题和进度的把控，把握住整个会议的节奏。

5.1.3 全员参与的会议

问题场景

1 前面说的全员参与的会议指的就是整个团队都参加的会议吧？

2 没错，这类会议主要是用来解决某个问题，或者得出某个结论，需要全体下属参与的会议。

3 这类会议我经常召开啊！

4 这类会议讨论的问题最好与所有参会人有关，而且在会议结束后要有结果。

5 结果指的是什么呢？

6 结果可以是会议讨论后关于某个问题的结论，也可以是解决某个问题的方案。总之不可以不了了之。

问题拆解

　　全员参与的会议是全员"参与"，而不是全员"参加"。参与和参加的含义是不同的。参与不仅要参加，还要有双向的、充分的信息交互。单向的或者不充分的信息交互，叫参加。在会议中，只要出席就可以算参加，但出席不等于参与。所以在自上而下或自下而上的会议中，有时候全员参加的，却不一定是全员参与。

方法工具

工具介绍

全员参与的会议

　　全员参与的会议指的是团队中全体成员参与的会议，经常被用来讨论某个结论或解决某个问题。这类会议的召开频率可以根据事项灵活掌握。召开全员参与的会议时，应以最小化成本，尽可能不影响全员正常工作为原则。例如团队要出台某项制度，需要全体成员提出意见而举办的全体员工大会。

全员参与会议的 4 个维度

全员参与的会议一般没有固定的频率，可以根据事项需要不定期开展。

全员参与的会议常见的目的或目标是聚焦于征求某方面意见、讨论某个方案、得出某个结论、制定某项政策、做出集体决策。

时间频率

目的目标

功能适用

特点特征

全员参与的会议可以用来征求全员的意见或建议。如果不是比较重要的事项，或者确实需要全员参与讨论的事项，一般不需要召开这类会议。

全员参与会议中讨论的问题，应当和参会的所有人都有关，而且在会议结束后，要有会议结果。

应用解析

召开全员参与会议的 4 点注意事项

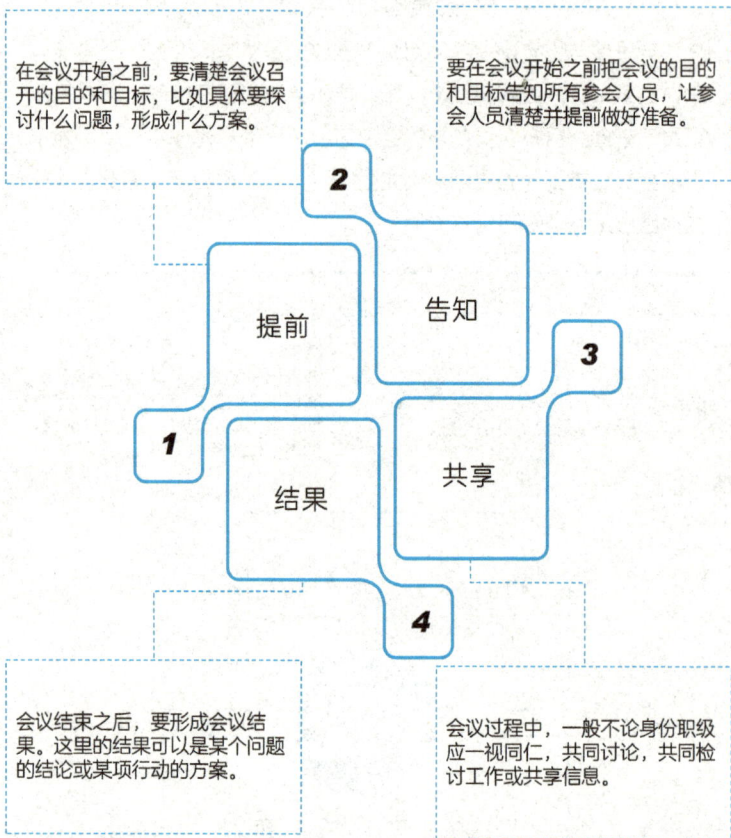

在会议开始之前，要清楚会议召开的目的和目标，比如具体要探讨什么问题，形成什么方案。

要在会议开始之前把会议的目的和目标告知所有参会人员，让参会人员清楚并提前做好准备。

2

提前

告知

3

1

结果

共享

4

会议结束之后，要形成会议结果。这里的结果可以是某个问题的结论或某项行动的方案。

会议过程中，一般不论身份职级应一视同仁，共同讨论，共同检讨工作或共享信息。

小贴士

全员参与的会议比较容易没有结果，很可能不了了之。团队管理者要注意保证会议最终有结果。就算会议没有得出结果，或者很难得出结果，可以退而求其次，得出阶段性结果，为形成最终结果做准备。

5.2　不同诉求的会议如何开

　　会议可以有很多不同的功能，可以达成各类不同的诉求，这就让会议在时间、规模、议程上可以不受限制。团队中比较典型的不同诉求的会议主要包括洽谈会、展览会、跨年会。这3类会议分别对应着不同的管控侧重。

5.2.1 洽谈会：达成共识，促成双赢

问题场景

1 我们经常要组织和客户间的洽谈会，有时候会谈到一半不欢而散，没有结果。

2 为什么会出现这种局面呢？

3 我也不知道，我们最近也在审视问题，查找原因呢。

4 可以重点从两个方面找原因，一方面是会议组织方面，另一方面是洽谈过程方面。

5 这么说起来，我们这两个方面都有问题，会议组织不力，洽谈过程又太强势了。

6 那就从这两个方面找到具体的问题点，予以改善。

问题拆解

　　失败的洽谈会不仅容易丢掉潜在客户，而且有损团队形象，可能对团队未来的合作造成影响。要做好洽谈会，需要在两个方面做出努力。一方面要做好会议的组织服务工作，另一方面要营造双方平等公平的沟通氛围。

方法工具

工具介绍

洽谈会

洽谈会的种类有很多，本节介绍的洽谈会指的是线下比较正式的商务洽谈会或商务谈判会，是双方通过商务洽谈讨论某个具体问题，期待达成某种一致意见的会议。

洽谈会中的双方分别代表自身的利益，在谈判过程中通过了解对方的诉求，试图影响对方的判断和决策，从而实现自身利益最大化。

我方组织的洽谈会，洽谈的地点一般会安排在我方的会议室或第三方的会议室。我方需要承担洽谈会的组织和服务工作。

举办洽谈会的 5 个关键

举办洽谈会的时间和地点应尽量满足客方的要求，尽可能方便客方。这样不仅能展现我方的礼仪和胸怀，而且能为洽谈过程中争取一些心理上的先机。

洽谈会的桌子一般是长方形或椭圆形，谈判双方分别位于桌子两方，中间位置为主谈人。谈判桌上要提前摆放好谈判双方的姓名，便于参会人员快速找到自己的座位。

座位布置

时间地点

礼仪招待

主持中立

议程安排

洽谈会议的主持人可以由我方人员担任，但立场应当是中立的。主持人的主要任务是根据双方都认可的议程推进和维护会议，尽量达成结果，会议过程中不能偏袒任何一方。

洽谈会议程中最重要的是双方洽谈的环节，这个环节的时间应占整个洽谈会时间的60%以上。除此之外，明确洽谈的主题和确定洽谈的结果也是洽谈会议程的两个重要环节。

会议举办方属于东道主，要重视商务礼仪，做好会务的招待工作。不论洽谈结果如何，都要做好客方的迎来送往，做好客方参会期间的服务。

应用解析

洽谈会的座位示意图

长方形
桌子
座位图

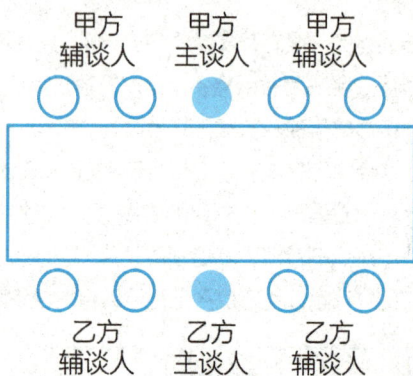

甲方
辅谈人　　甲方
主谈人　　甲方
辅谈人

乙方
辅谈人　　乙方
主谈人　　乙方
辅谈人

椭圆形
桌子
座位图

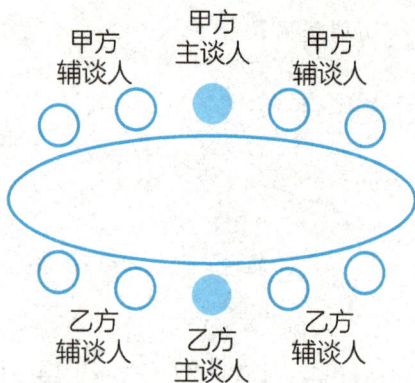

甲方
辅谈人　　甲方
主谈人　　甲方
辅谈人

乙方
辅谈人　　乙方
主谈人　　乙方
辅谈人

小贴士

　　洽谈会应尽可能求同存异，尽量在能达成一致意见的问题上达成共识。洽谈中，对于一时无法达到共识的问题，可以先暂时放下，另找时机再谈；有时会出现对峙或僵局态势，这种情况可以临时休会，等双方都调整好后再复会。

5.2.2 展览会：提知名度，扩影响力

问题场景

1 我们的展览会开得也不好，有时候开到一半预算超了，有时候开起来却没达到想要的结果。

2 展览会属于比较大型的会议，没有一定的统筹规划能力和会议管理能力，确实很难开好。

3 看来这类会议不适合我们举办。

4 别灰心，只要掌握了方法，再难举办的会议也可以办好。

5 我们该如何开好展览会呢?

6 首先要统筹好4类资源，分别是人力资源、物资资源、资金资源和媒体资源。

问题拆解

展览会是比较大型和复杂的会议类型。但这不代表没有举办过这类会议的人注定无法成功。要开好展览会，就要做好会议前期的计划筹备、中期的管理服务和后期的收尾评估，同时要统筹利用好各类资源。

方法工具

工具介绍

展览会

展览会简称展会，是利用开会的形式，进行产品的展览、展销、展示，从而达到洽谈合同、商品销售、项目开展、招商引资等效果。

展览会可以由一个单位举办，也可以由多个单位联合举办，参展的单位可以是一个，也可以是多个单位共同参展。

举办展览会的 4 个时期

展会的筹备期是指确定要举办展会但还没有为此做好准备的时期。这期间需要提前策划整个展会的计划方案，筹划展会的时间安排、空间布局和物品陈列，准备展会相关的海报、合同、展位图、宣传册等各类物资。

展会的启动期是筹备工作已经基本完成至展会正式开始的时期。这期间需要做好展会的宣传工作，包括通过各类传媒机构或合作方扩大展会的知名度。启动期的宣传工作关系着展会的影响力。

筹备期

启动期

1 2
3 4

收尾期

服务期

展会的收尾期是展会结束后的收拾、整理、复盘、洽谈、合作的时期。这期间要做好展会物资的归整工作，各类数据的统计、分析和评估工作，以及达成各类合作的合同签署、发票寄送等工作。

展会的服务期是展会正式开始运行的时期。这期间需要持续做好展会相关的服务工作。一方面要做好对展览方的接待、报到、搭展等服务，另一方面要做好对看展方的接待、登记、引领等服务。

应用解析

举办展览会需要的 4 类资源

展览会需要各类机械、设备、音响、屏幕、桌椅、板凳、舞台、货架、展图、签到二维码、宣传物资、瓶装水易耗用品等物资。很多展会为了服务看展方，还要准备供看展人员休闲娱乐的各类游戏设施。

根据需求，一般一场展览会需要总负责人、展位团队、产品团队、业务团队、服务团队、传媒团队、营销团队等。每个团队都要有负责人和成员。各团队的负责人可以兼任，成员也可以兼任，但需要保证有满足工作量需求的人力资源。

人力资源

物资资源

资金资源

媒体资源

展览会需要通过宣传增加知名度，扩大影响力，这就需要会议举办方要掌握一定的媒体资源。媒体资源有效果差异之分，要获取到有效的媒体资源，不能单纯依靠资金投入，还要事先做好分析与评估。

举办展会需要有一定的资金支持。一场展览会需要的资金应在展览会开始之前做好规划和预算。当然，有些展会也可以考虑外部赞助，或者销售展会中的一些宣传广告资源位来获取资金。

小贴士

根据展览会的功能诉求不同，可以将展览会分成盈利性展览会和非盈利性展览会。这两种展览会的落脚点是完全不同的。盈利性展览会旨在促成发生交易，非盈利性展览会旨在宣传教育或艺术鉴赏。

5.2.3 跨年会：提振士气，明确方向

问题场景

1 我们的年会总是死气沉沉的，缺乏活力，员工也没什么动力。

2 你们团队是怎么开年会的呢？

3 就是每个人报告本年的工作业绩和制订下一年度的工作计划啊。

4 你们没有表演节目、互动游戏、抽奖活动之类的环节吗？

5 没有，我觉得那些没什么用，纯属浪费时间，就取消了。

6 年会最好别只讲工作，那些休闲的环节并不是在浪费时间，会有助于达成年会的目的。

问题拆解

　　除了围绕工作问题外，年会也是员工休闲和放松的机会。所以年会的议程除了围绕工作展开外，还应当增加一些具有趣味性和庆祝意义的环节。这些环节并不是浪费时间，相反，有助于员工更加接受年会。

方法工具

工具介绍

年会

年会是每年的年底或年初举办的一年一度的全员会议或多数员工参与的会议。年会通常包括两大部分，一部分偏轻松休闲，包括各类表演、抽奖活动、游戏互动等环节；另一部分偏严肃认真，包括总结表彰、未来展望、优秀颁奖等环节。

举办年会的 4 个主要目的

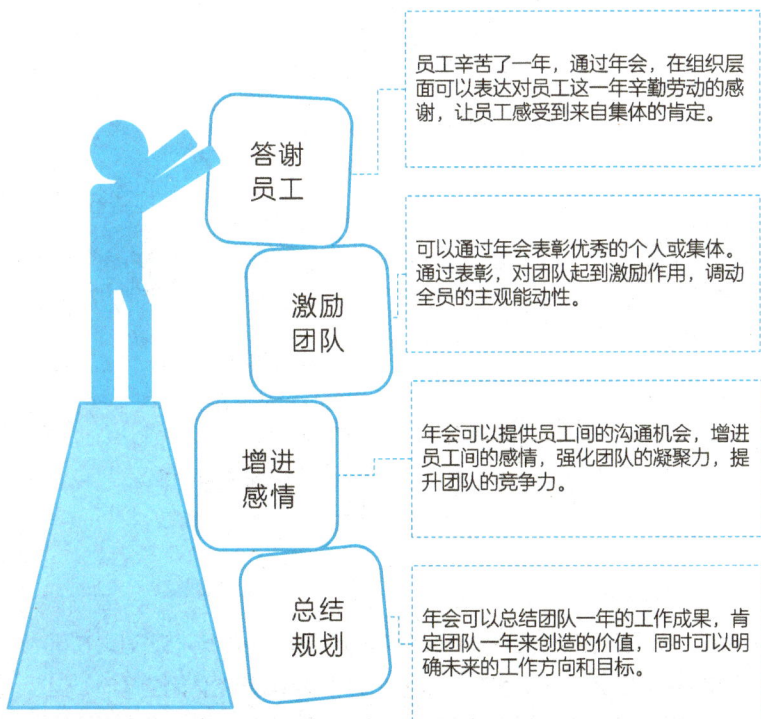

答谢员工
员工辛苦了一年，通过年会，在组织层面可以表达对员工这一年辛勤劳动的感谢，让员工感受到来自集体的肯定。

激励团队
可以通过年会表彰优秀的个人或集体。通过表彰，对团队起到激励作用，调动全员的主观能动性。

增进感情
年会可以提供员工间的沟通机会，增进员工间的感情，强化团队的凝聚力，提升团队的竞争力。

总结规划
年会可以总结团队一年的工作成果，肯定团队一年来创造的价值，同时可以明确未来的工作方向和目标。

应用解析

年会常见的 6 个议程环节

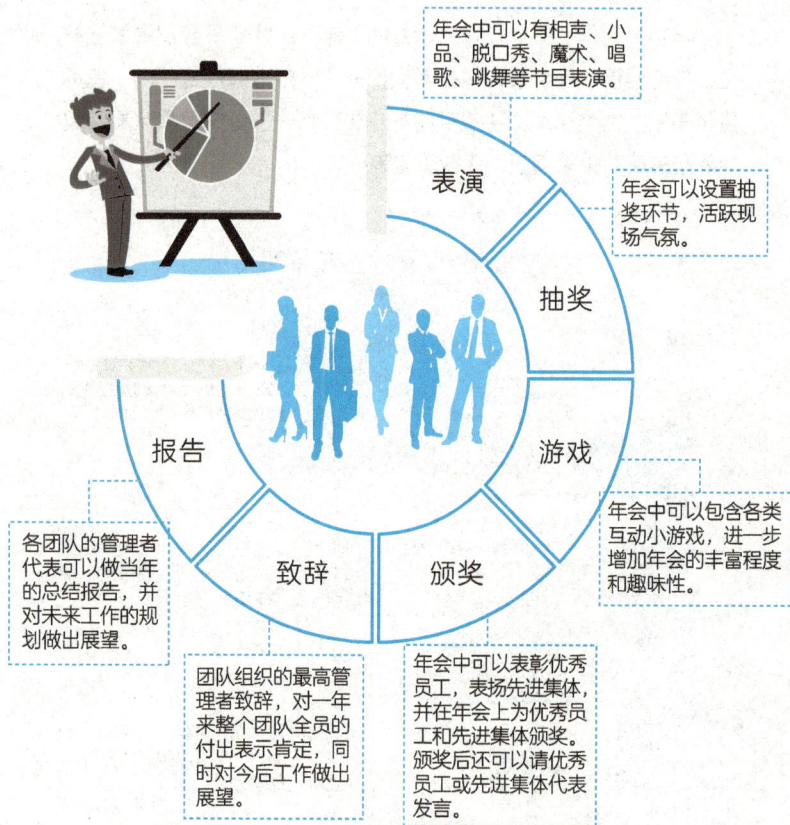

年会中可以有相声、小品、脱口秀、魔术、唱歌、跳舞等节目表演。

年会可以设置抽奖环节，活跃现场气氛。

表演

抽奖

报告

游戏

致辞

颁奖

各团队的管理者代表可以做当年的总结报告，并对未来工作的规划做出展望。

年会中可以包含各类互动小游戏，进一步增加年会的丰富程度和趣味性。

团队组织的最高管理者致辞，对一年来整个团队全员的付出表示肯定，同时对今后工作做出展望。

年会中可以表彰优秀员工，表扬先进集体，并在年会上为优秀员工和先进集体颁奖。颁奖后还可以请优秀员工或先进集体代表发言。

小贴士

如果资金条件允许，年会可以安排集体用餐的环节，可以在集体用餐的过程中设置表演、抽奖、游戏等相对轻松休闲的环节，但不适合在集体用餐时设置报告、致辞、颁奖等相对正式的环节。

5.3 远程会议的开法

开会的目的本质上是信息互通，要实现这个目的，不一定要把所有人放在同一时间、同一地点。能够实现信息互通的方式有很多，所以开会还可以采取很多更丰富的形式。通过这些形式，让会议摆脱时间和空间的限制，远程会议正是这样一种降低会议成本、提高会议效率、突破会议物理空间限制，从而达到会议目标的开会形式。

5.3.1　果断远程：突破会议时空限制

问题场景

1 有时候想开会，却赶上该参会的人凑不到一起，导致会议开不起来……

2 就算人凑不起来，也不是不能开会啊。

3 什么？人凑不起来怎么开会？

4 可以开电话会议、网络会议等远程会议，这样可以摆脱空间限制。

5 这种会议形式我用得确实比较少。

6 除了破除空间限制外，远程会议还可以摆脱时间限制，既能实现即时联络，又能实现信息保留。

问题拆解

　　任何会议都有成本和开会条件的限制，有时候会议的成本和条件会高到很难召开会议。为了让会议顺利进行，团队管理者可以根据会议需要，调整会议形式，最小化开会成本，最大化开会效率。

方法工具

工具介绍

远程会议

远程会议指的是运用各类通信手段，实现在不同空间、不同时间召开会议的目的。远程会议的常见形式包括运用专业办公软件的网络视频 / 音频会议、电话会议和运用社交软件的"聊天群"会议。

网络视频 / 音频会议和电话会议能让开会摆脱空间限制。参会人员在自己的办公桌前可以开会，在交通工具上可以开会，甚至在国外也可以开会。

社交软件的"聊天群"会议可以摆脱时间限制，对于不要求实时回复的主题会议可以采取这种形式，比如就某个不紧急的问题召开研讨会、就某个非重点的专题召开讨论会等。开这种会议时，参会人员就主题发表意见时只需要在一定时间内回复，不需要实时回复，也不需要排队式回复。

常见适合召开远程会议的 4 种情况

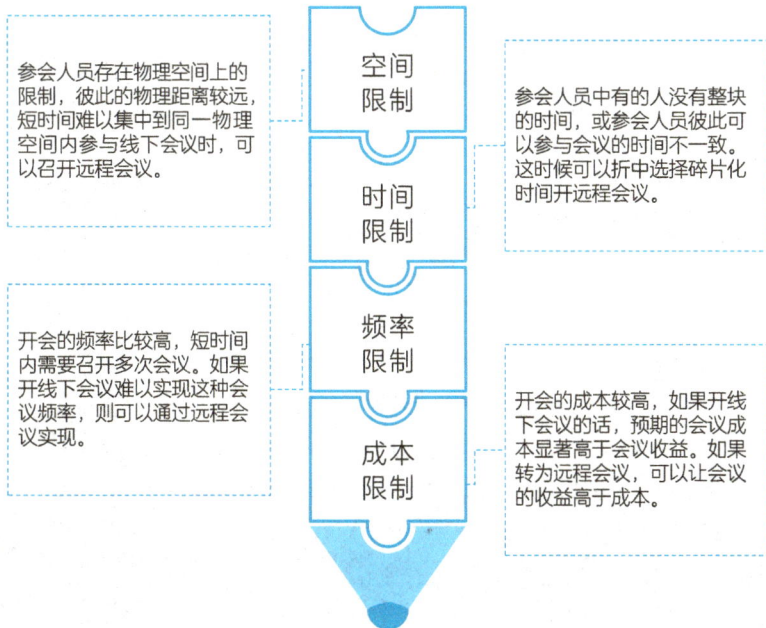

参会人员存在物理空间上的限制，彼此的物理距离较远，短时间难以集中到同一物理空间内参与线下会议时，可以召开远程会议。

空间限制

参会人员中有的人没有整块的时间，或参会人员彼此可以参与会议的时间不一致。这时候可以折中选择碎片化时间开远程会议。

时间限制

频率限制

开会的频率比较高，短时间内需要召开多次会议。如果开线下会议难以实现这种会议频率，则可以通过远程会议实现。

成本限制

开会的成本较高，如果开线下会议的话，预期的会议成本显著高于会议收益。如果转为远程会议，可以让会议的收益高于成本。

应用解析

远程会议制度的 4 个维度

远程会议的签到打卡与线下开会不同，需要提前规定。有的远程办公软件有签到打卡的功能，可以实现一键签到打卡，有的则没有，需要所有参会人员通过语音或文字报备，或拍照上传打卡。

除了线下会议的纪律外，远程会议还可以规定一些特有的纪律。例如可以规定必须保持办公软件时刻在线；在计算机上安装摄像头，会议期间全程开摄像头，摄像头要照到自己的办公状态等。

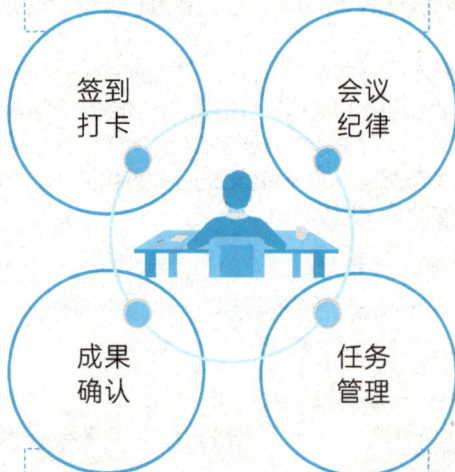

签到打卡

会议纪律

成果确认

任务管理

远程会议结束后的工作成果如何确认同样要事先做好规定。远程会议的参与方通常短时间内难以出现在同一物理空间，要确保工作得以落实，可以规定参会人员定期通过某种方式提交会议工作的成果。

远程会议比线下会议更容易出现会议结束后不了了之的情况，所以可以规定远程会议的任务管理方式。有的远程会议软件可以设置会议后的工作标准和要求，参会人员可以在软件里填写工作标准和要求。

小贴士

管理需要制度和规范作为保障，远程会议也不例外。毕竟不是每个参会人员都能做到自发自觉地认识到远程会议的严肃性，不是每个参会人员都有足够的自控力。这时候就需要制度作为远程会议管理的底线。

5.3.2 软硬保障：帮助会议达成目标

问题场景

1
远程会议这么好，看来我们以后可以随时随地召开远程会议了。

2
理论上是随时随地，但实际上并不是这样。

3
怎么讲呢？

4
远程会议对组织和参会人员的硬件和软件都有一定的要求。如果达不到要求，会议可能无法正常运行。

5
原来如此，那有没有可能让远程会议实现随时对地举办呢？

6
有可能啊，我们需要提前做好远程会议的筹划，让远程会议组织和参会人员需要的软件和硬件达标。

问题拆解

　　远程会议可以随时随地召开，前提是远程会议需要的软件和硬件达标。如果没有软件和硬件的支持，远程会议可能不仅不会提高会议效率，而且会议将难以运行。召开远程会议前，首先要审视和检查远程会议的软件和硬件需求。

方法工具

工具介绍

远程会议的软硬件条件

要有效实施远程会议，需要具备一定的硬件条件和软件条件。硬件条件是设备方面的条件，包括召开远程会议必备的器材、设备等硬件；软件条件是远程会议需要用到的软件和参会人员方面的条件，包括远程会议软件的稳定性、组织人员对远程会议的把控、参会人员对操作远程会议的认知和经验等。

远程会议硬件选择的 4 个关键

远程会议需要的硬件设备最好是参会人员比较容易获得的，例如只用一部手机就可以参与会议，就比必须通过计算机设备、摄像头等才能参与会议有优势。

远程会议的硬件配置要能够满足远程会议软件的要求，要能够达到软件的最低配置要求。硬件的质量要稳定，要能够支撑软件的持续运行。

1 易获得

2 防干扰

3 看网络

4 够稳定

用手机做远程会议工具最大的缺点是手机存在的潜在干扰源可能比较多，例如临时的来电、信息、通知等都可能影响会议进程，要提前考虑，避免这类干扰。

要注意远程会议的网络或通话环境。如果用计算机开会，要注意网络带宽足以支持会议顺畅进行；如果用手机开会，要注意流量速度或Wi-Fi环境的带宽网速。

应用解析

远程会议软件选择的 4 个关键

远程会议使用的软件最好容易上手，且界面友好，操作简单，让即便第一次参与的人员也能快速上手。

远程会议需要的会议软件下载要简单易操作，让参会人员容易找到。大品牌的、通用的远程会议软件一般都比较容易获取。

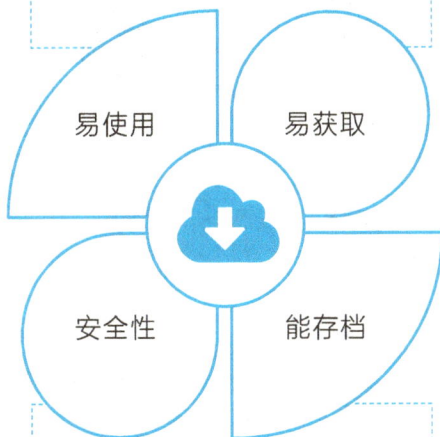

易使用

易获取

安全性

能存档

要注意远程会议软件的安全性，防止出现网络泄密事件。推荐优先选择大品牌出品的比较专业的远程会议软件。

远程会议的软件最好自带会议记录功能，每次会议结束后直接存档，这样将便于在会议结束之后进行核查或复盘。

小贴士

远程会议的软硬件选择讲究平衡，要求既非越高越好，也非越低越好。对远程会议的软硬件要求高，能够保障会议效果，但对会议的组织、召开和参会人员要求也高；对远程会议的软硬件要求低，有助于会议顺利召开，可会议过程的质量和会议效果可能难以保障。

5.3.3　异常处置：确保会议顺利运行

🔒 问题场景

1 远程会议比线下会议的效率高，我们以后要多开远程会议。

2 远程会议也许比你想象的更"脆弱"，因为远程会议可能出现的很多异常状况是与线下会议不同的。

4 例如某参会人员突然掉线，过一会儿再上线后，漏掉了重要信息却不知道。

3 什么异常状况？

?

5 这种情况会议组织人员应该及时发现和处理。

6 问题在于当参会人员较多时，远程会议组织人员很难及时发现问题，就算能及时发现，也很难直接参与异常状况处理，只能协助。

问题拆解

　　远程会议和线下会议一样，会面临不少突发状况。与线下会议的不同之处在于，远程会议的异常状况有时具备一定的隐蔽性，而且这些异常状况常常不是会议组织人员能够直接处理的，而是需要间接协助异常状况发生人来处理。

方法工具

工具介绍

远程会议异常状况

远程会议运行过程中可能遭遇很多异常状况，这些异常与线下会议面临的异常状况有所不同，常常具备一定的隐蔽性和特殊性。

远程会议的异常状况往往不容易被会议的组织人员发现。而且对于远程会议的异常状况，不仅要求会议的组织人员要具备一定的异常状况处理能力，对参会人员对异常状况的处理能力同样有一定的要求。

远程会议常见问题及处理

远程会议可能会因为网络问题造成卡顿或延迟，所以在召开远程会议前，要检查和保障网速的通畅性。

除了网络延迟，远程会议还可能因为网络信号中断造成会议无法进行。所以在召开远程会议前，最好有可供使用的备用网络。

网络延迟

网络中断

软件故障

硬件故障

远程会议可能出现软件打开错误、软件崩溃等情况。这种情况可以提前测试远程会议使用的软件来规避。

远程会议可能因为硬件故障导致会议出现卡顿、中断等情况。这种情况可以提前检查远程会议使用的硬件来规避。

应用解析

召开远程会议的 4 点注意事项

召开远程会议同样需要考虑需求，有的需求适合开远程会议，有的需求则不适合。另外，远程会议同样需要提前筹划、召集和管理。

远程会议也不是没有成本的会议，不是随随便便想开就开的会议。远程会议和线下会议一样，同样要考虑参会人员的必要性，与会议无关的人不需要参加会议。

需求

参与

预警

流畅

召开远程会议之前，要提前把会议可能遇到的异常状况告知所有参会人员，要提前让所有参会人员掌握能想到的所有异常状况处理技巧。

召开远程会议，需要通畅的网络环境，注意手机信号质量或宽带质量，保证通话质量或网络质量，保证会议的交流过程要流畅，不出现卡顿。

小贴士

每个团队应对异常状况的方式不同。例如有的团队要求所有远程会议的参会人员提前准备两套硬件设备，两套设备都要安装软件并提前调试，以防出现短时间难以修复的硬件问题；有的团队则要求物理空间上比较近、能在一起开会的部分人在一起开会，这样能降低参会人员软硬件出现异常状况的概率。

06

不同属性需求的
会议如何开

💎 本章背景

1 有时候过了很久，才发现团队的目标没有达成，员工的工作偏离方向了。

2 好的结果来自好的过程，可以在团队内设置晨会、夕会或周会制度。

3 业绩一直不见起色，有没有什么会议能解决业绩问题呢？

4 可以试试召开业绩增长类的会议，例如业绩分析会、销售动员会或工作辅导会。

5 团队的沟通氛围不畅，思路单一，问题频发，该怎么办呢？

6 可以试试召开沟通共创类的会议解决这类问题，例如员工茶话会、头脑风暴会、查找问题会和务虚讨论会。

背景介绍

　　会议根据属性需求不同，可以划分成不同类别。为了保障短期团队的工作情况，团队可以召开晨会、夕会和周会；为了促进业绩增长，团队可以召开业绩分析会、销售动员会和工作辅导会；为了强化沟通和共创，团队可以召开员工茶话会、头脑风暴会、查找问题会或务虚讨论会。

6.1 短期例会的开法

团队中比较常见的短期例会形式有 3 种，分别是晨会、夕会和周会。晨会的主要功能是布置和明确员工当天的工作重点；夕会的主要功能是总结评价员工当天的工作成果；周会的主要功能是追踪评估团队和员工目标或任务的完成情况。

6.1.1 晨会：最佳状态投入工作

问题场景

1 我发现晨会变成例会后，很多人只是敷衍，每天晨会的内容都差不多，耗时长不说，好像也没起到什么作用。

2 这是因为没有开好晨会，没有发挥晨会的作用。

3 晨会如果每天都开的话，是不是应该把时间限定在一定范围内？不然很容易变得冗长，刹不住车。

4 是的，一般来说，每天都开的晨会，时间可以控制在20分钟以内。

5 晨会期间主要应该说什么呢？

6 管理者可以布置工作，听取每个员工当天的工作重点，激发员工的斗志。

问题拆解

　　如果抓不住开晨会的重点，很容易让晨会变成走形式。晨会应当简短地开，在晨会上只说重点。通过晨会，团队管理者主要应当确保员工知道自己当天应该做什么，可以借晨会调整员工的精神状态，让员工以最佳的状态投入一天的工作。

方法工具

工具介绍

晨会

一年之计在于春，一日之计在于晨。晨会是早晨正式上班前的会议。晨会能够调整员工的工作状态，明确目标，强化沟通，激发员工士气，增加员工的归属感。

晨会可以分成大晨会和小晨会。大晨会是人数较多的晨会，一般每周一次，企业全体人员参加，时间控制在 1 小时之内；小晨会是人数较少的晨会，一般每天一次，时间控制在 20 分钟之内。

晨会的 6 个参考步骤

晨会一开始，可以逐一点名，确认员工是否到齐。这里建议要求员工答"到"，以提升员工的精气神儿，给员工一种"我来了，接下来该好好工作"的心理暗示。

晨会时员工可以回顾昨天的工作，并介绍自己当天的工作要点。为节省时间，可以不介绍日常的工作，只介绍那些新增的、对当前比较重要的工作。

团队管理者可以在晨会做重点工作的布置。这里的工作布置同样一般不应包含日常工作，但可以做工作强调。

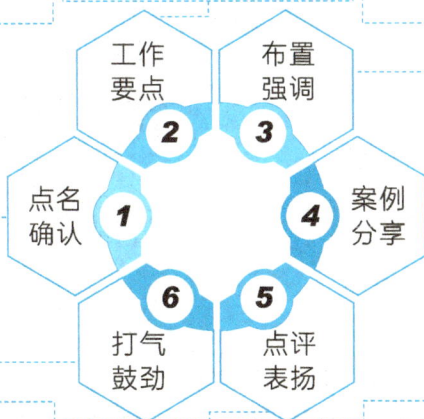

- 2 工作要点
- 3 布置强调
- 1 点名确认
- 4 案例分享
- 6 打气鼓劲
- 5 点评表扬

晨会结束前，团队管理者可以给大家加油鼓劲儿，激发员工的热情，也可以在结束前带领大家喊出口号。

团队管理者可以点评某员工的工作，对工作优秀的员工予以表扬。点评一般应是正面的，如非必要，一般不应当众批评员工。

晨会上团队管理者和员工可以分享优秀的案例，或一些学习心得，让大家短时间内快速学会某个新知识或新技能。

应用解析

开好晨会的 4 个技巧

每天的晨会召开人数越少，往往会议效率越高。当团队人数比较多时，可以考虑将人数打散，分成人数较少的小团队，分别召开晨会。

晨会要严格控制时间，不能长篇大论，不必细致入微，尽量减少占用时间的环节。如果员工有需要汇报的工作，可以在晨会之后单独向管理者详细汇报沟通。

- 适当打散
- 控制时间
- 只讲重点
- 调整精神

晨会时可以让员工整理仪表仪容，做到整体划一，并以此调整员工的精神状态，让员工对接下来的工作更有干劲儿。

为了有效地控制时间，晨会中什么可以讲、什么不需要讲，可以在晨会前约定清楚。晨会上只讲结果，只讲共性问题，不讲职责内的重复工作。

小贴士

需要注意的是，就算管理者知道每个员工当天要做什么，也要让员工自己说出来。这样既能给员工一种承诺的心理暗示，又能让员工对工作有所思考和准备。当然，这里员工的表达应该简短，除非是需要整个团队都知道的，否则无须长篇大论。

6.1.2 夕会：一天工作有始有终

问题场景

1 除了晨会之外，我觉得部门有必要再开个夕会。

2 当然可以，晨会和夕会一般是搭配出现的。不过夕会同样时间不要太长。

3 一般多久合适呢？

4 夕会的时间可以比晨会稍长，一般应控制在30分钟以内。

5 夕会都应该做什么呢？

6 可以以汇报总结为主，注意把握员工汇报的节奏，每个人汇报重点结果。

问题拆解

团队设置了每天的晨会，一般也可以设置每天的夕会，让一天的工作有始有终。夕会有助于团队管理者掌握员工当天的工作情况，以及对员工工作进行评估；能够发现员工的困难和问题并及时予以解决；能够塑造温馨的团队氛围，让员工怀着开心的状态回家。

🔑 方法工具

工具介绍

夕会

夕会是下午下班前的会议。下班前的夕会非常重要，可以总结当天工作的关键会务，团队管理者可以利用夕会了解每个员工当天工作的完成情况。

夕会可以以每个员工的简短汇报为主，每个员工用最短的时间简述自己当天的工作；也可以抽查员工，稍微详细地询问其当天的工作成果；也可以对有问题的地方提出质疑。

夕会的时间建议控制在 30 分钟以内，可以比晨会时间稍长。假如有一些工作需补充，或对一些工作成果不满，也可以在夕会上提出。

夕会的 6 个参考步骤

夕会上，团队管理者可以总结团队当天的工作成果，员工可以总结个人当天的工作情况。这里的总结应与晨会的工作安排对应。

夕会可以复盘当天的重点工作，发现当天工作中做得好的环节和做得不好的环节，找到工作提升的机会点。

夕会上，员工可以提出当前遇到的疑难问题，寻求来自团队的资源或方法上的支持，团队管理者和别的员工共同解答。

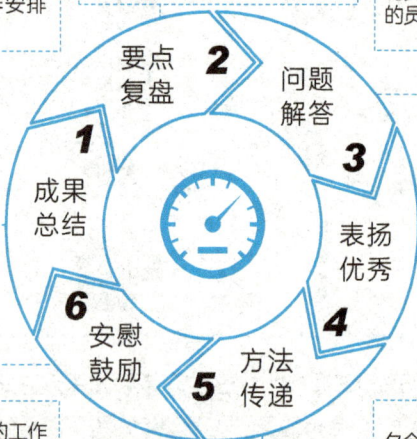

1 成果总结
2 要点复盘
3 问题解答
4 表扬优秀
5 方法传递
6 安慰鼓励

不是每个员工一天的工作都能一帆风顺，团队管理者可以在夕会上对当天遭受挫折或失败的员工给予安慰和鼓励。

夕会也是培养员工知识和技能的机会。团队管理者可以向员工分享知识，优秀员工也可以分享自己的工作方法。

夕会可以用来表扬当天工作较好的员工，并鼓励其分享自己做出工作成果的经验。

应用解析

开好夕会的 4 个技巧

当天不论做得多差，有多不好，都是过去式。团队管理者应当把眼光着眼于未来，更关注第二天的晨会如何鼓励大家解决今天遇到的问题。

员工的成长对团队至关重要。遇到困难和问题后，人们学习的积极主动性会提高。夕会上通过总结问题，更能促进员工的成长。

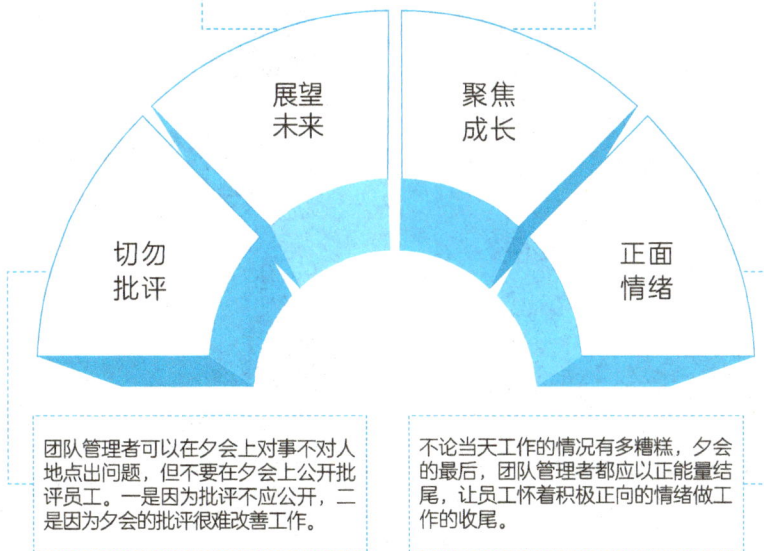

展望未来

聚焦成长

切勿批评

正面情绪

团队管理者可以在夕会上对事不对人地点出问题，但不要在夕会上公开批评员工。一是因为批评不应公开，二是因为夕会的批评很难改善工作。

不论当天工作的情况有多糟糕，夕会的最后，团队管理者都应以正能量结尾，让员工怀着积极正向的情绪做工作的收尾。

小贴士

很多企业有这样的标语："开开心心上班，快快乐乐下班。"这句标语看起来朴实无华，却很有道理。员工的情绪影响着绩效水平，如果员工每天都在紧张压抑的氛围中工作，心里对工作必然怀有抵触情绪，工作就成了员工的"敌人"；但如果员工每天心情舒畅，快乐面对工作，工作将会成为员工的"朋友"。晨会和夕会，都肩负着调动员工情绪的作用。

6.1.3　周会：目标任务落实到位

问题场景

1 既然有每天的晨会和夕会，是不是就没有必要开周会了？

2 晨会和夕会不能代替周会，它们的功能是不同的。

3 有什么不同呢？

4 晨会和夕会的周期比较短，关注的重点可以放在行为和动作上；周会的周期比较长，关注的重点要放在目标和任务上。

5 周会应该每周开一次吗？

6 可以每周开一次，也可以每周开两次，时间建议选在周一上午和周五，与那个时间段的晨会或夕会合并。

问题拆解

　　晨会、夕会与周会的功能是不同的，就算每天要开晨会和夕会，依然可以开周会。晨会和夕会重在对员工行为和动作的调整与纠正；周会重在对员工目标和任务的设置与评价。周会可以一周一次，也可以一周两次。

方法工具

工具介绍

周会

　　周会是每周召开一次的会议。周会的侧重点应放在目标和任务上，可以一周召开一次，也可以一周召开两次。

　　周会的召开时间可以在每周一上午，也可以在周五下午。如果是在每周一上午召开，则侧重于对目标和任务的工作布置；如果是在每周五下午召开，则侧重于对目标和任务的汇报总结。

周会的 5 个参考步骤

团队管理者与员工一起查看团队当前目标和任务的达成情况，员工分别汇报自己目标和任务的达成情况。

团队管理者评价团队和员工的目标与任务的达成情况，通过对目标和任务的评价，发现当前存在的问题。

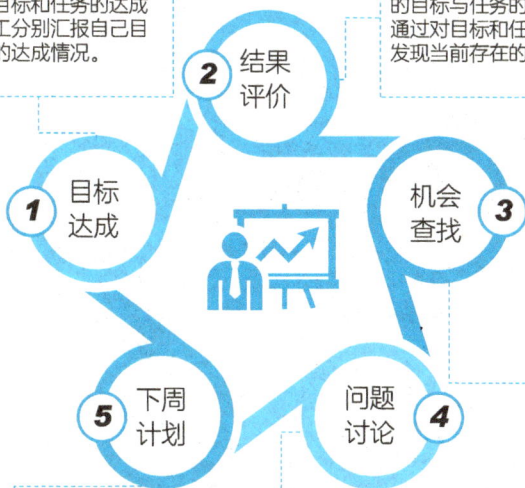

2 结果评价

1 目标达成

3 机会查找

5 下周计划

4 问题讨论

团队管理者和员工一起制订下周的工作计划。工作计划中应包括下周的目标和任务，下次周会的开始正是评价本周目标和任务的达成情况。

团队管理者和员工一起讨论当前的问题。群策群力，共同想办法，一起研究问题的最佳解决方案。

团队管理者和员工一起发现团队和员工绩效的机会点，根据机会点找到行动方向，设定新的目标或新的任务。

应用解析

开好周会的 4 个技巧

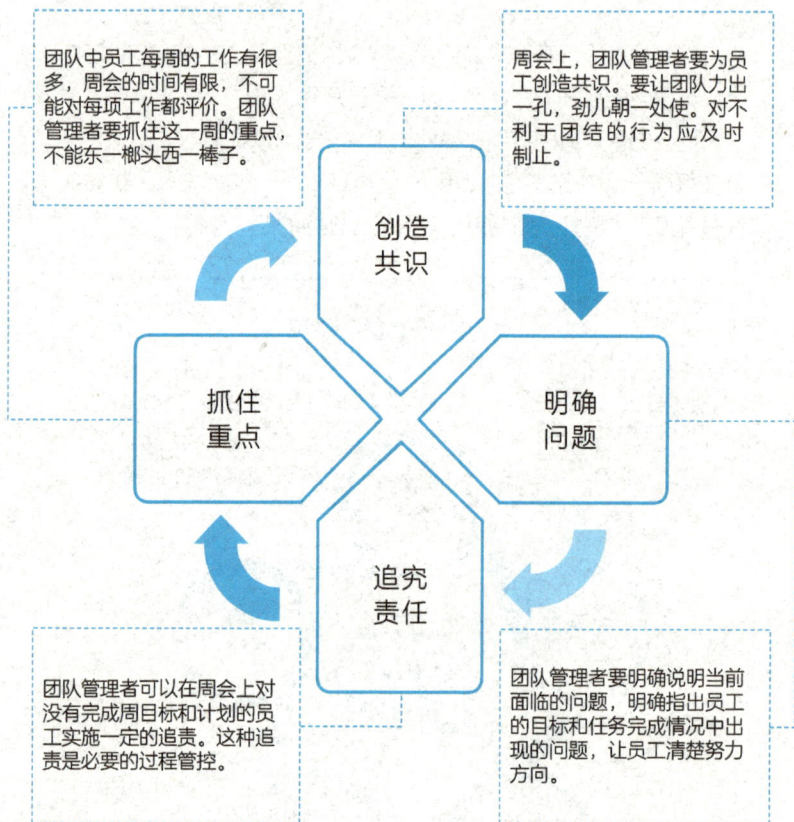

团队中员工每周的工作有很多，周会的时间有限，不可能对每项工作都评价。团队管理者要抓住这一周的重点，不能东一榔头西一棒子。

周会上，团队管理者要为员工创造共识。要让团队力出一孔，劲儿朝一处使。对不利于团结的行为应及时制止。

创造共识

抓住重点

明确问题

追究责任

团队管理者可以在周会上对没有完成周目标和计划的员工实施一定的追责。这种追责是必要的过程管控。

团队管理者要明确说明当前面临的问题，明确指出员工的目标和任务完成情况中出现的问题，让员工清楚努力方向。

小贴士

以天为单位的会议，重在对行为层面的总结和评价，一般不会因为员工没有达成某个阶段性目标而追究员工责任。以周为单位的会议，经历过一个不算短的时间周期，可以将总结和评价的维度扩大到任务，对于未完成任务的员工，可以适度追究其责任。

6.2 业绩增长类会议

　　常见业绩增长类的会议有 3 种，分别是业绩分析会、销售动员会和工作辅导会。业绩分析会是通过分析业绩差距，查找和分析问题，从而采取相应的措施；销售动员会通过激发销售人员的热情，鼓励销售人员采取行动；工作辅导会通过对员工实施辅导，提升员工的能力，从而帮助团队更好地达成业绩。

6.2.1 业绩分析会：促进业绩不断提高

🔒 **问题场景**

1 最近团队的业绩总是出现问题，开了很多次会也不见效果。

2 你们是怎么开业绩分析会的呢？

3 就是通过查找责任，发现员工的工作漏洞，从而追究员工的责任啊。

4 这怎么听着像是"批评会"？开业绩分析会，不是应该围绕业绩吗？

5 我们也会说业绩，但提及业绩只是为了追责。

6 咱们的目标是达成业绩，找到达成业绩的方法，帮助员工达成业绩，这才是业绩分析会的初衷。

问题拆解

业绩分析会是做"数学题"，而不是做"语文题"，是通过数据找差距。员工没有达成业绩，可以追责，但追责不是目的。通过业绩分析，帮助员工找到方法，才是召开业绩分析会的关键。

方法工具

工具介绍

业绩分析会

业绩分析会是对团队业绩完成情况、存在问题、未来预测和改进措施的分析。通过业绩分析会，管理者能够清楚团队经营管理的现况，进而不断提升经营管理效率，达成团队业绩。

业绩分析会因为与提升团队的业绩息息相关，被很多团队认为是团队中最重要的会议之一，是团队提升业绩必不可少的会议。业绩分析的召开频率一般适合以月为单位，尤其适合在月初召开。

业绩分析会的 4 个关键分析

在业绩分析会上，应当分析目标业绩和实际业绩之间的差距、历史业绩和当前业绩之间的差距、对标团队或竞争对手的业绩和实际业绩之间的差距，从而清楚当前的业绩水平，进而发现问题所在。

在业绩分析会上，要分析清楚业绩产生的原因，不仅要分析当前业绩问题产生的原因，还要分析高绩效团队能够达成绩效的原因，从而通过对比，发现自身的问题。原因分析要抓住重点问题，分析主要矛盾。

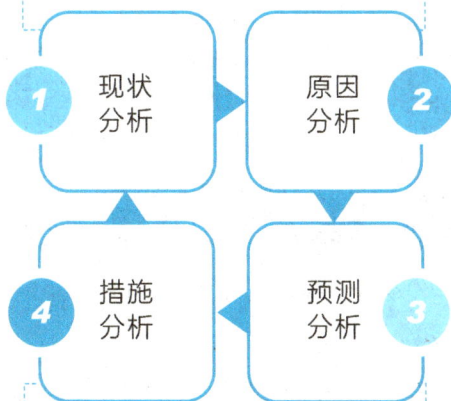

1 现状分析 → **原因分析 2**

4 措施分析 ← **预测分析 3**

业绩分析会的最后要有具体的执行措施，要把一切分析最终落实到具体行动上。方案和行动是业绩分析会的重要输出。行动要有对应的责任人、具体的完成时间，还要有相应的落实评估人。

业绩分析会中要进行预测，明确如果不发生变化、不采取措施，业绩将会朝哪个方向发展，会变成什么状态，业绩与预期目标相比会是什么样子。同时可以预测，如果做出某些行动，业绩会向哪个方向发展。

应用解析

常见业绩分析会的 5 大问题

有的团队很少召开业绩分析会；有的团队召开业绩分析会不规律也不固定，有时过于频繁，有时间隔时间过长；有的团队业绩分析会召开的时间选择不合理，比如赶到工作比较忙的时候召开。

有的团队业绩分析会只在最高管理层之间召开，把业绩分析会开成了高管会或中层干部会。实际上，业绩分析会并不是最高管理层的专有会议，团队的各层级都应当召开自己的业绩分析会。

时间 问题

成绩 问题

措施 问题

导向 问题

分析 问题

有的业绩分析会对业绩数据的分析浮于表面，只是蜻蜓点水般简单地得出业绩数据的变化情况。没有发现根本问题在哪里，也没有针对根本问题采取相应的解决方案，或者只是隔靴搔痒，解决方案不能从根本上解决问题。

有的业绩分析会中缺少数据；有的业绩分析会虽然有数据，却缺少对数据的分析。没有通过分析数据发现问题，更没有针对问题采取有效措施，导致与业绩相关的问题没有被发现和解决，从而影响业绩。

有的业绩分析会变成了碰头会、表态会、通报会、表彰会、批评会等类型的会议，没有以业绩为导向，没有围绕业绩，没有分析业绩情况，会议目标出了问题，把业绩分析会从做"数学题"，变成了做"语文题"。

小贴士

数据是业绩分析会中的关键资源，分析是业绩分析会的关键要务。数据是形式，分析是核心。采取什么样的手段和形式是"表"，获取什么样的目的和目标是"里"。业绩分析会的最终结果是围绕价值，为团队解决实际问题。

6.2.2 销售动员会：充分调动队伍热情

🔒 问题场景

1 我们有时候知道问题在哪里，也知道该怎么做，可销售人员就是不行动，怎么办呢？

2 可以试一试召开销售动员会。

3 我们之前也开过销售动员会，感觉效果不明显。

4 你们是怎么开的呢？

5 就是说明当前的业绩问题，分析提升销售的方法啊。

6 这个环节是对的，但更像是业绩分析会。销售动员会要调动销售人员的情绪，把重点放在激发销售人员采取行动上。

问题拆解

　　当团队管理者想提振销售队伍的士气，激发销售人员的行动力，让销售人员"动起来"时，可以召开销售动员会。销售动员会与业绩分析会的不同之处在于，业绩分析会重在对业绩的分析，销售动员会重在激发销售人员行动。

方法工具

工具介绍

销售动员会

销售动员会是激发销售人员的激情，为销售人员指明方向，帮助销售人员找到行动方法，鼓励销售人员采取行动的会议。

成功的销售动员会能够统一销售人员的认知，调整销售人员的心态，强化销售人员的集体荣誉感，增强销售人员的团队意识，有助于打造成功的销售队伍。

销售动员会议程参考

召开销售动员会议前，先进行暖场，调动销售人员的情绪，让销售人员快速进入状态。暖场的形式有很多种，可以是喊口号、唱歌、跳舞、做游戏等。

向销售人员展示机会点，或者与销售人员一起寻找销售机会点，让销售人员发现销售业绩提升的可能性。

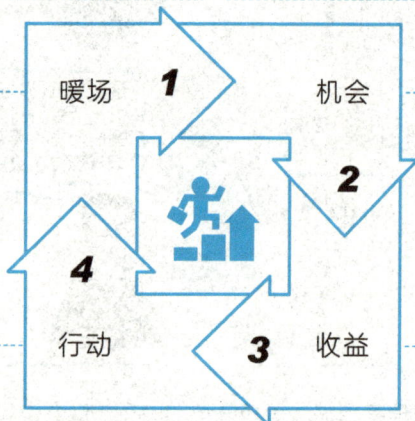

暖场 **1**

机会 **2**

行动 **4**

收益 **3**

销售动员会的最后要落实到行动，要明确销售人员应采取的具体任务或行动。可以请销售人员公开做出承诺，并承诺自罚措施。

承诺销售人员达成某个业绩之后的收益。预期的收益越高，吸引力越大，销售人员采取行动的可能性越高。

应用解析

动员销售人员的 4 个关键

通过销售团队的工作情谊、以同事之间的相互帮助、优秀销售人员克服艰难的顽强毅力来感动销售人员。

通过销售业绩提高后大家能够得到的高额回报、销售业绩达成后能够获得的荣誉、高业绩能够带来的更多福利来让销售人员心动。

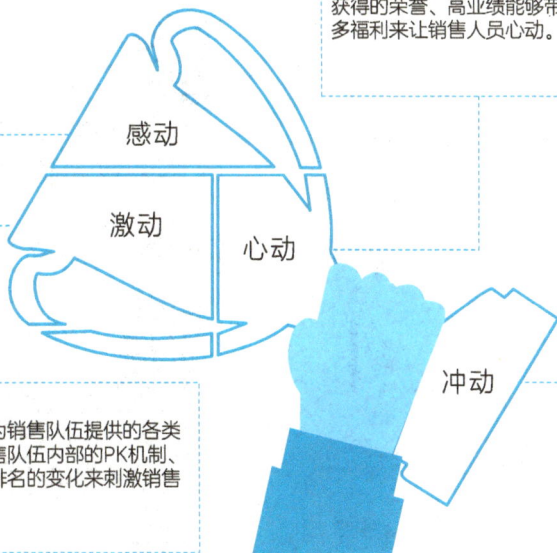

感动

激动

心动

冲动

通过团队为销售队伍提供的各类支持、销售队伍内部的PK机制、销售业绩排名的变化来刺激销售人员。

组织销售人员学习成功的销售案例，总结最佳实践的方法，帮助销售人员找到行动路径，鼓励销售人员尽快落实行动。

小贴士

　　榜样的力量在销售动员会上往往能起到很大的作用。销售动员会可以设置优秀颁奖环节，团队管理者可以重点表扬业绩较好的销售人员。拥有较好业绩的销售人员可以在销售动员会上现身说法，说明自己销售业绩好的原因，分享自己的做法。

6.2.3 工作辅导会：员工绩效持续提升

问题场景

1 我常常比较忙，没有时间对员工实施工作辅导。

2 开会也可以作为一种员工辅导方式，可以通过会议对员工实施工作辅导。

3 工作辅导不应该是一对一的吗？会议这种一对多的形式也可以做工作辅导吗？

4 工作辅导并不一定要一对一，如果待辅导的员工和工作具备某种共性，通过会议做工作辅导反而效率更高。

5 原来如此，那我以后可以多采用会议的形式进行工作辅导。

6 要注意不能乱用，通过会议做工作辅导有其适用性。不适合这么做的时候非要这么做，则可能起到反效果。

问题拆解

只要能达到工作辅导的目的，工作辅导的形式可以有很多种。通过会议做工作辅导就是其中的一种形式。用会议做工作辅导有其适用性，这并不是一种对任何情况都适用的工作辅导方式。适用时可以提高效率，不适用时反而会降低效率。

方法工具

工具介绍

工作辅导会议

工作辅导会议是以团队管理者对多名员工同时进行工作回顾和辅导为主题的会议。在工作辅导会议上，团队管理者和员工共同探讨员工工作的进展情况、绩效达成情况，共同查找员工存在的不足以及提升员工绩效的方法。

工作辅导会议能够为团队管理者与员工之间创造交流的机会，有助于团队成员间了解彼此的工作状况，能够在一定程度上避免信息不对称造成的低效工作状况，增强团队之间工作的默契和配合度。

工作辅导会议的 4 种适用情况

当团队日常的管理文化比较强调公开时，团队管理者期望通过会议让员工知道其他员工的成绩或问题，从而反思自身，相互借鉴、相互督导，实现共同进步的目的。

当团队人数较多、团队管理者很难全部做一对一的工作辅导，但团队管理者不能因此不与员工做一对一的工作交流时，可以通过工作辅导会解决一对多的辅导问题。

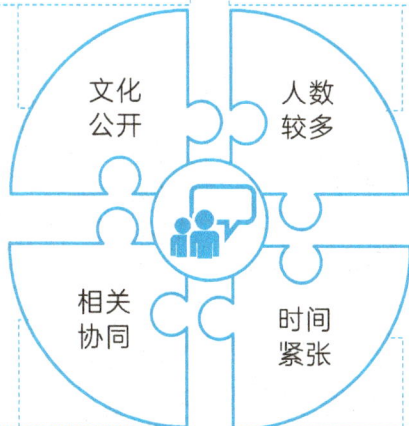

文化公开　人数较多

相关协同　时间紧张

当员工的工作存在一定的协同性或相关性，通过会议做员工辅导效率更高、效果更好时，通过与员工之间信息共享和相互探讨能够有效提升管理效率。

当团队管理者的时间紧张、可以用来与员工沟通交流的时间有限，但团队管理者不能因此一直拒绝与员工一对一沟通时，可以用碎片化时间来解决时间紧张的问题。

应用解析

实施工作辅导会议的 4 个注意事项

注意工作辅导会议的主题、数量和频率，不一定团队管理者管理的所有员工都须同一时间参加同一会议，可以让不同的员工在不同时间参加不同的会议。保证在同一个会议上，参会人员探讨的主题具有一定的共同点或协同性即可。

召开工作辅导会议前应合理安排时间，以免影响正常工作。如果绩效一切运行正常，各员工的工作表现较优，工作辅导会议的时间可以适当缩短。会议应当注重快节奏、高效率。

交错运行

最短时间

会议记录

注意氛围

虽然主题是工作辅导，也要详细做好会议的书面总结和记录。每次会议最好都要用录音笔录音并存档。有条件的团队可以把录音转化成文字稿在会后发给员工，没有条件的团队至少要整理出每次会议的要点并形成文字稿。

工作辅导会议的主旨是改善绩效，为达到这一目的，要注意会议的氛围。不要把工作辅导会议开成员工批评会。即便员工真的存在问题，会议中也要照顾到员工的自尊和情绪。苛责往往不会让员工内心接受，充分的善意和关怀反而能够起到比较好的效果。

小贴士

运用会议实施工作辅导时要注意不要为了开会而开会，不要为了辅导而辅导。开会不是目的，辅导也不是目的，更好地改善绩效、解决问题才是目的。所以，工作辅导会议的召开一定要能够对员工能力或绩效的改善有所帮助，要解决当前某项实际的、具体的问题。

6.3　总结计划类会议

　　常见总结计划类的会议有 3 种，分别是工作总结会、工作计划会和年度报告会。工作总结会重在对一段时间的工作做总结和评价；工作计划会重在对未来的工作做计划和方案；年度报告会重在对过去一年工作情况的通报。

6.3.1 工作总结会：关注成果评估价值

问题场景

1 我们有时候开总结会，原本是希望了解大家工作的，但开一会儿就变成了员工们都在说自己的成绩。

2 员工说一下自己的成绩是对的，但不是目的，抱着邀功的心态做总结是有问题的。

3 那我是不是应该重点让员工说一下自己的不足，多说一些待改进的地方，提高员工能力呢？

4 可以作为一个角度，但不应该作为重点。

5 那总结会应该怎么开呢？

6 可以让员工站在团队需要和自身工作的角度，思考自己的工作能够为团队带来什么价值。

问题拆解

　　召开工作总结会的主要目的不是为了让员工邀功，也不是让员工说明自己的成长，而是为团队查找问题，分析问题，解决问题，从而创造价值。团队中最佳的工作总结会输出，是团队现在存在哪些问题，哪些方面可以提高，如果这些问题得到改善，团队价值能提升多少。

方法工具

工具介绍

工作总结会

工作总结会中员工的发言不是写叙事作文，追求的不是图文并茂，不需要加入一些精致而模糊的形容词。可以要求员工用3段公式写总结。

第1段，先写事实，事实应当是客观或量化的。

第2段，再写分析，主要是对事实中发现问题的分析。

第3段，形成结论，基于事实和分析，得出最终结论。

员工做工作总结的3段公式

根据整个分析过程，得出最终结论。在呈现总结报告时，也可以按照"总—分—总"结构先写结论，再按照事实—分析—结论的逻辑写作。

通过对事实中的客观情况和数据做分析，发现和查找当前问题，并分析这些问题产生的原因，判断问题的大小，预测问题的走向，并制定应对措施。

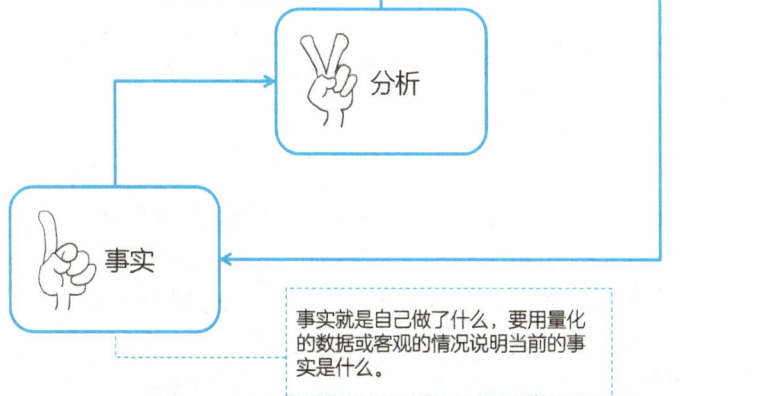

结论

分析

事实

事实就是自己做了什么，要用量化的数据或客观的情况说明当前的事实是什么。

应用解析

总结中得出结论的逻辑

在总结分析时，不仅要对未达到预期的事项做分析，还要对达到预期的事项做分析。工作达到预期不代表结束，下一步要研究为什么能达标：是行动落地了，还是纯粹运气好？搞清楚为什么是帮助自己复盘。

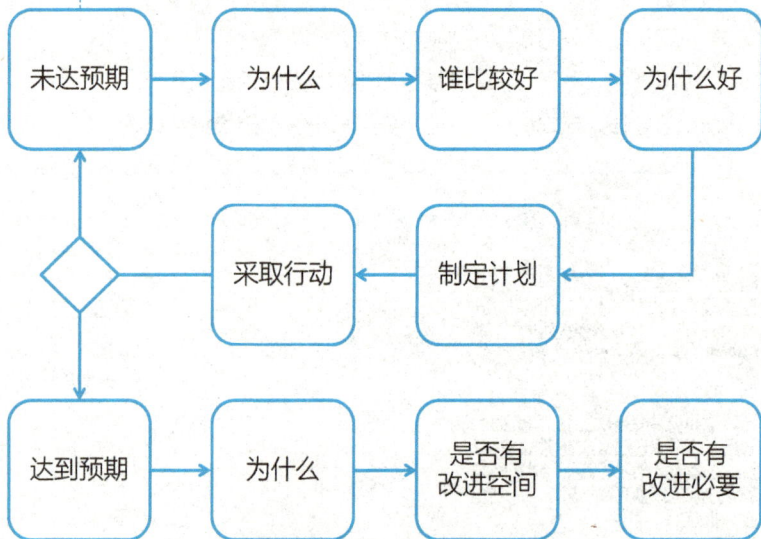

```
未达预期 → 为什么 → 谁比较好 → 为什么好
                                      ↓
◇ ← 采取行动 ← 制定计划 ←───────────┘
↑↓
达到预期 → 为什么 → 是否有改进空间 → 是否有改进必要
```

对没有达到预期的工作的改进，就是在情况分析后找到最佳实践，研究最佳实践，提炼最佳实践的方法，形成更好完成工作的方法论，并把这个方法论进行推广和改进。

小贴士

当发现问题有改进空间后，还要判定是否有改进必要。改进是要付出成本的，就算不需要付出财务成本，管理成本也是成本，管理成本也有投入产出比。如果投入产出比高，就值得实施改进；如果投入产出比低，就不值得实施改进。

6.3.2 工作计划会：形成具体行动方案

问题场景

1 有了工作总结之后，团队的工作就清晰多了，接下来的工作就可以朝目标努力了。

2 你具体要怎么朝目标努力呢？

3 啊？这个问题真是不知道怎么回答……

4 如果你不清楚自己该怎么朝目标努力，不知道该做什么，又怎么能保证实现目标呢？

5 那我该怎么办呢？

6 你应该制订工作计划，把如何实现目标的具体行动和方案列清楚。

问题拆解

　　有了工作总结，发现了问题，分析了问题，有了针对问题制定的目标后，不代表目标就能自动达成。从目标到达成目标想要的结果，需要有对应的工作计划。同时，工作计划中要包含具体的行动和方案。工作计划会正是为了形成工作计划而产生的。

方法工具

工具介绍

工作计划会

工作计划会是为了实现工作目标而设定计划的会议。

在工作计划会中，员工编制计划可以分成 3 个步骤。

第 1 步，设定具体的目标。

第 2 步，根据目标制定出能实现目标的方案。

第 3 步，根据方案制订出具体的行动计划。

员工编制计划的 3 个步骤

在编制计划的过程中，要不断验证行动和目标之间的承接性和关联性

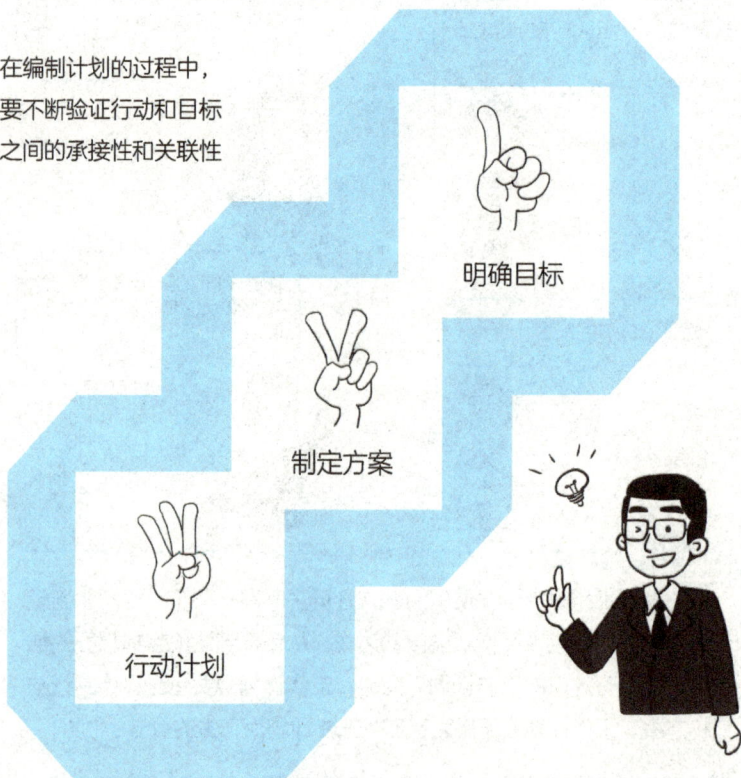

明确目标

制定方案

行动计划

应用解析

制订计划需遵循的四大原则

在制订计划过程中，要邀请上级充分参与并充分沟通。必要时，可以引导整个团队一起参与，确保信息通畅。

组织、部门和岗位的计划是一个整体，上下级应统筹规划，通盘思考，以组织战略目标为基本依据。

协同原则

参与原则

可行原则

激励原则

计划中的目标达成后，要有一定的激励措施，这种激励措施不仅来自团队，也来自个体的自我激励。

计划要重点突出，体现岗位特点，要能够通过努力达成，有可行性，不能盲目制订不切实际的计划。

小贴士

1.计划体现出的工作价值要和组织追求的价值相一致。

2.计划要对应目标，没有和目标逐一对应的计划往往是无效的。

3.计划通常不具备通用性，就算目标相同，达成目标的计划也可能是不同的。

6.3.3 年度报告会：有重点地探讨成果

问题场景

1 每次做年度报告的时候，都不知道该怎么做，总觉得没思路，怎么办呢？

2 你之前都是怎么做的？效果怎么样呢？

3 我就是把这一年做的重点工作列一下，然后说一下团队的不足。

4 这种工作罗列式的年报没有重点，年报应聚焦在工作的几个主要成果上。

5 如何总结工作都有哪些成果呢？

6 可以从4个维度着手，分别是财务维度、客户服务维度、内部运作维度、学习与成长维度。

问题拆解

年度报告会不是简单地罗列一年的工作重点，不是把工作职责复述一遍，更不是把一年来做的所有工作都说一遍，而是有重点地描述工作成果。工作成果不等于工作结果。关键的工作结果、有价值的工作结果，才能被称为工作成果。

方法工具

工具介绍

年度报告会

年度报告会是以年度为单位进行的工作内容复盘总结和来年工作计划。年度报告会的关键词是成果，应重点描述工作成果。

年度报告会可以从 4 个维度描述工作成果，分别是财务维度、客户服务维度、内部运作维度、学习与成长维度。

年度报告会的 4 个维度

财务维度	促进 ⇒ ⇐ 支持	客户服务维度	促进 ⇒ ⇐ 支持	内部运作维度	促进 ⇒ ⇐ 支持	学习与成长维度

客户细分
- 谁是我们的客户
- 我们的价值定位
- 我们如何知道客户是否满意
- 市场份额
- 客户获得、保留、满意
- 带来最大利润的客户

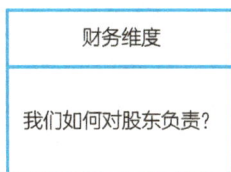

财务维度
我们如何对股东负责?

重要经营绩效
- 战略期望的财务结果
- 收入增长及其组合
- 成本降低、生产率提高
- 资产利用和投资战略

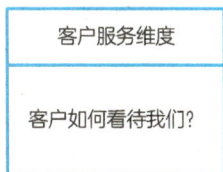

客户服务维度
客户如何看待我们?

愿景与战略

内部运作维度
我们必须专长于哪些方面?

必须具备的能力与条件
- 领导力、核心胜任能力
- 知识资产
- 信息与技术
- 工作环境、企业文化

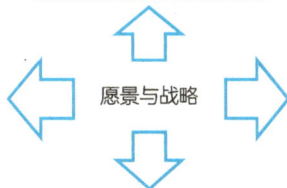

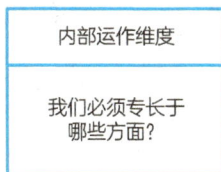

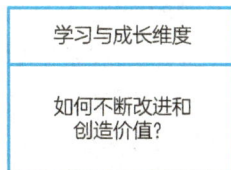

学习与成长维度
如何不断改进和创造价值?

满足客户需求的核心流程
- 产品开发
- 产品生产
- 产品销售
- 售后服务

应用解析

案例：年度报告会中员工的报告模板

类型	重点指标	指标定义	目标值	完成情况	数据提供部门	工作说明
财务维度	销售额				财务中心	
	利润额				财务中心	
客户维度	客户满意度				第三方机构	
	公共关系满意度				第三方机构	
内部运作维度	成本控制				财务中心	
	流程制度异常数量				第三方机构	
学习与成长维度	员工敬业度				人力资源中心	
	员工离职率				人力资源中心	
	员工能力达标率				人力资源中心	

小贴士

很多看似没有财务维度的岗位，实际上多数时候是只关注岗位职责，没有发现和关注与岗位对应的财务维度。例如行政文员岗位，平时事务型工作较多，但也有涉及行政费用的管控，可以将行政相关成本的控制情况作为财务维度。

6.4　沟通共创类会议

常见沟通共创类的会议有 4 种，分别是员工茶话会、头脑风暴会、查找问题会和务虚讨论会。这 4 种会议分别对应着不同的功能。员工茶话会重在构建愉悦的团队氛围；头脑风暴会重在集思广益，产生创新创意想法；查找问题会重在查找团队问题，不断解决问题，让团队工作变得更好；务虚讨论会重在拓展思想的边界，最终也要解决实际问题。

6.4.1 员工茶话会：构建愉悦的团队氛围

问题场景

1 有时候觉得员工每天都在工作，我想让大家偶尔放松，做一次团建，可又觉得做团建沟通不彻底。

2 你可以尝试定期举办员工茶话会，这样又轻松，又能达到彻底沟通的目的。

3 员工茶话会？会不会漫无边际，太浪费时间了呢？

4 茶话会指的是会议形式，而不是会议核心。只要会议的主题不偏离，依然可以达到会议目标。

5 茶话会要准备不少吃的喝的吧？感觉好像跟餐会差不多。

6 茶话会应该适当准备一些吃的喝的，但并不是以吃喝为主，也不属于餐会。

问题拆解

　　员工茶话会的精髓是让会议变轻松，而不是让会议变得漫无目的。茶话会中应当为员工准备饮品和食品，但这些只是为了活跃会议氛围的辅助用品。茶话会的核心是"话"，而不是"茶"。沟通是茶话会的主旋律。

方法工具

工具介绍

员工茶话会

员工茶话会是通过喝茶、喝咖啡、吃甜点、聊天、休闲娱乐等轻松的形式，召开的以员工沟通交流情感为主题的会议。员工茶话会可以增强员工的凝聚力，促进团队内部的情感交流，缓解员工的压力，转换员工的心情，帮助员工更好地完成工作。

员工茶话会通常应设置明确的主题，要有明确的讨论话题。员工茶话会的话题通常应是员工关心的、感兴趣的，能引发员工讨论的，或有一定趣味的、值得探讨和解决的问题。

举办员工茶话会的 5 个关键准备

员工茶话会的桌椅摆放不适合教室形/课桌形，比较适合方桌形/圆桌形或V形/U形。

根据需要，员工茶话会的会场内可以布置横幅、标语、气球、舞台、鲜花、贴纸等，烘托出轻松祥和的沟通氛围。

为了活跃会议气氛，可以提前让员工准备一些有趣的节目，例如相声、小品、唱歌、跳舞、魔术等。

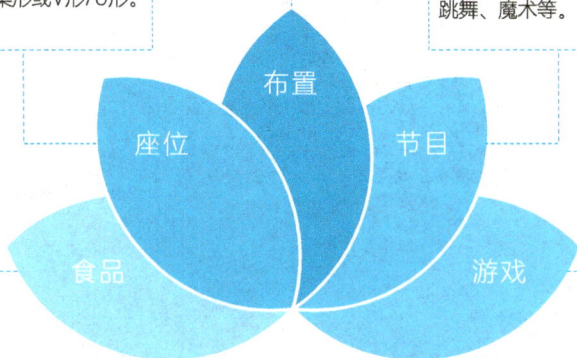

布置

座位

节目

食品

游戏

会议开始前，提前准备饮品和食品。饮品可以包含茶、咖啡、白开水、饮料等；食品可以有瓜子、干果、糕点、水果等。

根据需要，茶话会的会议主持人可以提前准备一些有趣的破冰、互动小游戏，例如成语接龙、击鼓传花、真心话大冒险、猜灯谜等。

应用解析

成功举办员工茶话会的 5 个关键

员工茶话会虽然形式上比较轻松，但不代表开完会后没有结果。为了让员工茶话会起到效果，可以在会议开始前设置会议主题和会议目标，明确会议讨论的话题。

因为有主题和话题的限定，员工茶话会实施过程中的沟通并不是纯粹地聊天，而应是有聚焦地输出。会议主持人要有效控场，避免会议偏离主题。

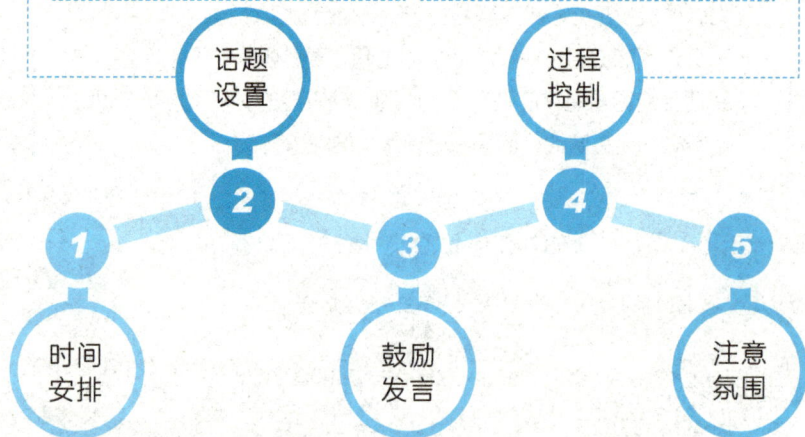

话题设置

过程控制

2

4

1

3

5

时间安排

鼓励发言

注意氛围

比较适合召开员工茶话会的时间是上午10点后和下午16点后。不适合召开员工茶话会的时间是刚吃完饭的时间，因为员工刚吃完饭后有饱腹感，不愿进食。

有时候，员工可能迫于某种压力不敢在员工茶话会上发言，可能不好意思发言。这时候，会议主持人要起到引导作用，点名或鼓励员工发言。

员工茶话会的整体基调应当是轻松的、愉悦的、畅所欲言的。如果发现员工茶话会的氛围出现问题，会议主持人应及时调整和引导。

小贴士

有的互联网创业团队会在每周五下午 4 点左右举办下午茶会。员工在会上以轻松聊天的形式讨论本周的工作情况和下周的工作计划。这样做既起到了周会的作用，又起到了茶话会的效果。

6.4.2 头脑风暴会：创新创意想法生成器

🔒 问题场景

1 我们遇到了产品创新乏力的问题，有没有什么方法能激发出团队更多的创意呢？

2 可以召开头脑风暴会议。

3 我们之前开过，可是讨论到最后创意太多，太发散。有时候你一句我一句的，说着说着就偏离主题了。

4 这样的结果是虽然创意和想法很多，可有用的却很少，很难聚焦是吗？

5 没错！所以后来我们就没有再开头脑风暴会了。

6 也许不是头脑风暴会议不好，而是应用的方法有问题。

问题拆解

　　群体智慧总是大于个体智慧，召开头脑风暴会议能够激发群体智慧。但是，群体智慧需要多人参与，如果管控不得当，激发群体智慧的过程也可能产生比较多的内耗，反而达不到效果。实施头脑风暴的难点，不是一开始的发散环节，是发散出很多方案后，如何聚焦到应当选择的方案。

方法工具

工具介绍

头脑风暴会

头脑风暴是一种群体决策的工具，通过所有参与者平等地提出关于某个主题的思考，获得比较丰富多样的想法，并经过讨论，得出最佳的可行性方案。这种方法可以被广泛应用在各类团队场景中，用来做工作讨论、产生新的想法或解决复杂问题。

头脑风暴会的 5 个步骤

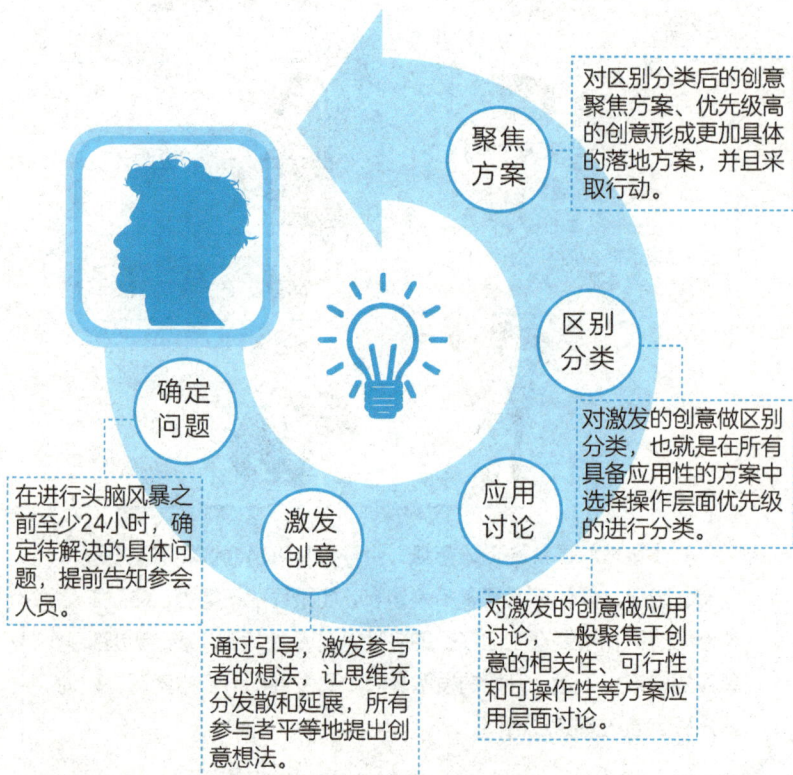

聚焦方案
对区别分类后的创意聚焦方案、优先级高的创意形成更加具体的落地方案，并且采取行动。

区别分类
对激发的创意做区别分类，也就是在所有具备应用性的方案中选择操作层面优先级的进行分类。

确定问题
在进行头脑风暴之前至少 24 小时，确定待解决的具体问题，提前告知参会人员。

应用讨论
对激发的创意做应用讨论，一般聚焦于创意的相关性、可行性和可操作性等方案应用层面讨论。

激发创意
通过引导，激发参与者的想法，让思维充分发散和延展，所有参与者平等地提出创意想法。

应用解析

头脑风暴会常见的 4 类问题

头脑风暴会议没有提前准备，导致参会人员并不知道会议的目标，并不了解讨论的主题，大量时间浪费在了解目标和主题上，占用了思考的时间。

很多人参加头脑风暴会议时，担心自己的想法和别人不同，给自己带来负面评价，会故意迎合别人的想法，隐藏不同意见。

缺乏准备

恐惧心理

想法有限

不平等性

很多头脑风暴会议产生的点子很多，但有用的想法有限，会议最后变成了天马行空的思维漫游，没有形成有用的解决方案。

在有一些头脑风暴会议中，外向的参会人员表达了大量的意见，内向的参会人员没有机会表达意见，类似情况还表现在职位高低的差异上。

小贴士

很多团队实施头脑风暴的效果达不到预期，不能帮助团队解决问题，不是因为头脑风暴的工具没有用，而是因为没有正确运用。具体表现在应用头脑风暴工具之前没有做好准备，在应用的过程中没有做好管控，在应用之后没有做好总结。

6.4.3 查找问题会：让团队工作越来越好

问题场景

1 我发现团队里很多员工对别的员工有意见，平时却不敢说。

2 我的团队也有这种情况，后来我每周会选一个晨会，专门做成查找问题会。这个会议上既可以对人，也可以对事。

3 这样员工真的敢说真话吗？

4 一开始大家也不愿意说，后来在我的鼓励下，大家越来越敢说了。

5 对事我可以理解，对人会不会不利于团结啊？

6 其实很多事憋在心里不说容易心存芥蒂，更不利于团结，客观地说出来，大家彼此探讨，反而有助于团结。

问题拆解

当团队中的人沟通不畅或团队中的事存在问题时，可以召开查找问题会。查找问题会既可以对人，也可以对事。很多团队管理者信奉说问题时要对事不对人，这样做虽然有助于团队内部团结，却不利于发现员工自身的缺点。每个人都有缺点，都有对自己的认知盲区。当一个团队的查找问题会敢于让员工面对面指出别人问题时，才是良性沟通的开始。

方法工具

工具介绍

查找问题会

　　查找问题是专门为了寻找问题和解决问题而召开的会议。查找问题会既允许员工面对面地指出别的员工在工作上的问题，也允许员工指出某件事存在的问题。查找问题会可以通过不断地发现问题、分析问题、讨论问题和形成方案，解决团队内部的问题。

　　查找问题会能够提升团队效能，做好内部沟通，强化团队凝聚力。只有当员工之间敢于说真话，愿意说出自己发现的问题，并能够欣然接受别人对自己存在的问题的提醒，团队内部的沟通氛围才能持续向好的方向发展。

查找问题会的参考议程

暴露问题，才能解决问题。问题查找会的第一步是要发现问题。在会议开始时，首先由员工轮流发言，分别说明自己发现的问题。

发现问题的员工要对问题做分析，要指出自己对这个问题的看法。这期间其他人不要就问题本身打断该员工的分析。当员工发言结束后，别的员工可以对分析做补充，但不要做解释。

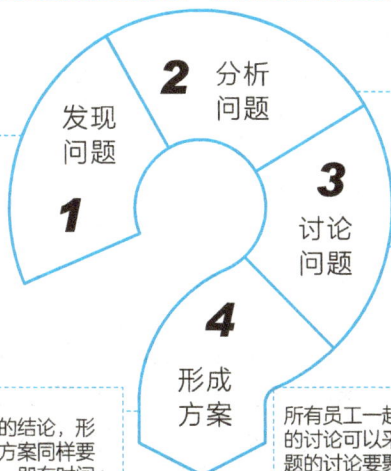

1 发现问题
2 分析问题
3 讨论问题
4 形成方案

基于讨论问题中得到的结论，形成解决方案。这里的方案同样要满足会议输出的要求，即有时间、有责任人、有行动，并落实好评估人。

所有员工一起讨论问题。这时候的讨论可以采用头脑风暴。对问题的讨论要聚焦于解决方案，而不是对问题追责。当然，也可以先讨论这个问题是否值得解决或者能否被解决。

应用解析

开好查找问题会的 4 个关键

健康的查找问题会要允许员工大胆指出别的员工的问题。但很多员工不好意思指出别人的问题，也有的员工听到别人指出自己的问题后会产生负面情绪。团队管理者要提前做好这两方面的心理建设。

在员工指出某问题的过程中，不要为了想就问题做出解释而打断其发言，尤其当这个问题是在"对人"提出的时候。除非员工指出问题的发言冗长超时，否则应耐心听员工讲完其完整的想法，让其充分表达。

- 心理建设
- 不要打断
- 不要解释
- 培养肚量

团队管理者要培养团队中每个员工的肚量。如果团队里的员工总是不敢指出别人的问题，或者在别人指出自己的问题后心存怨恨，这样的团队往往默契不足，凝聚力不强。

查找问题会的初衷是解决问题，提升团队工作效能。当员工提出自己的问题后，首先要做的不是解释。既然别人提出，说明其中存在问题，要把沟通的精力放在如何分析和解决问题上。

小贴士

虽然问题查找会可以对人提出问题，鼓励员工当面指出别的员工在工作上的缺点。但要注意指出的缺点应以客观事实为依据，要和工作相关，要拿工作中的事件来说明问题，不能抛开客观事实说个人感觉，更不能包含人格评判。也就是说，虽然找问题时可以对事，也可以对人，但对人时，要以事为基础，而不是"只对人，不含事"。

6.4.4　分析问题会：有针对性地解决问题

🔒 问题场景

1 我觉得查找问题是一方面，另一方面的重点是分析问题，分析问题会和查找问题会一样重要。

2 的确如此，如果没有深入分析产生问题的根本原因，就算查找出问题后，依然不能解决问题。

3 如何分析产生问题的根本原因，从而改进问题呢？

4 可以运用鱼骨图法，把现状做拆解。

5 我之前听过鱼骨图法，但从来没实际运用过，觉得这只是理论。

6 工具和方法论就是用来指导实践的，如果不拿来用，只停留在纸面上，那学习还有什么意义呢？

问题拆解

　　查找出问题后，不一定能保证问题得以解决。要解决问题，需要更进一步深入分析问题，这时候可以专门召开分析问题会。当然，分析问题会和查找问题会也可以作为一个会议的两部分。要有效分析问题，可以运用鱼骨图分析法。

方法工具

工具介绍

分析问题会

要分析问题，可以召开专门分析问题的会议。

发现问题后，可以用鱼骨图法分析问题和原因间的因果关系。运用鱼骨图法分析问题，有助于各方对问题达成共识，揭示问题的潜在原因，明确问题的根本原因。

应用鱼骨图法时，可以采用头脑风暴法，把参与者的意见和想法全部收集上来，并通过鱼骨图将其展示出来。不过一个人也可以应用鱼骨图法的原理来分析问题。

运用鱼骨图法的 4 个步骤

首先要明确待解决的问题。生产制造类问题通常可分成人员、机械设备、材料、方法、环境、测量6类因素；管理服务类问题，通常可分成政策、人员、程序、地点4类因素。

对得出的鱼骨图进行进一步检查整理，对比较含糊的内容给与补充，对存在重复的内容进行合并。

1.明确问题	2.查找原因	3.检查整理	4.原因判断

用头脑风暴法，把所有可能导致该问题的原因按不同因素分类填入各分支。根据需要，也可以在分支中继续分支，也就是进一步探讨和分析更深层面的原因。

进一步进行小组讨论，对原因做充分比较和探讨，对于引起问题可能性最高的几个原因做进一步的数据收集和整理，作为下一步问题分析和改进的重点内容。

应用解析

鱼骨图法应用

某生产制造公司近期连续接到3起因某产品质量原因引起的顾客投诉。经调查，发现核心问题是该产品质量不稳定。针对如何解决此问题，该公司以鱼骨图法为工具，进行了针对产品质量不稳定问题的梳理。

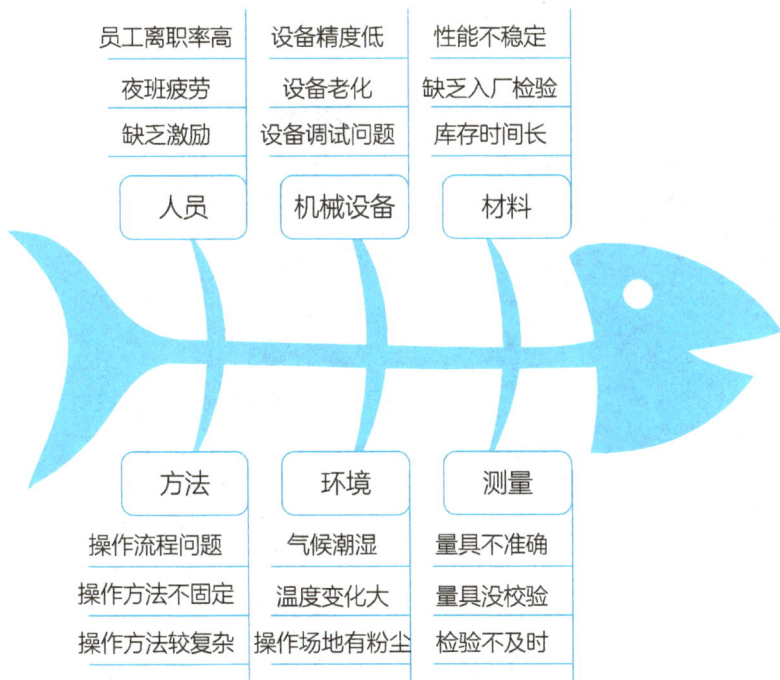

人员	机械设备	材料
员工离职率高	设备精度低	性能不稳定
夜班疲劳	设备老化	缺乏入厂检验
缺乏激励	设备调试问题	库存时间长

方法	环境	测量
操作流程问题	气候潮湿	量具不准确
操作方法不固定	温度变化大	量具没校验
操作方法较复杂	操作场地有粉尘	检验不及时

小贴士

用鱼骨图法分析问题的过程是先发散，再聚拢。在用鱼骨图法分析问题时，能够发现很多可能造成问题的原因，但究竟是哪种或哪些原因引发的问题，还需要进一步讨论或验证。

鱼骨图法不仅可以用于做总结，在针对问题进行目标分解时，也可以用这个工具。

6.4.5 务虚讨论会：也可以解决实际问题

🔒 问题场景

1 有些话题很想与员工讨论，希望像头脑风暴会议那样产生思维激荡，但又不一定要聚焦得出解决方案。

2 你可以试试召开务虚的讨论会。

3 务虚的会？我没听错吧？会议不是都应该务实吗？怎么可以务虚呢？

4 务虚的会中的"虚"不代表"虚度光阴"。

5 那务虚的会主要指的是什么呢？

6 务虚的会并不是毫无意义的会，也不是没有主题的会，而是会议输出模糊的会。某些情况适合召开务虚的会。

问题拆解

会议分为两种，一种是务实的会，一种是务虚的会。要区分务实的会议和务虚的会议，要看会议有没有明确的结果、结论或行动方案。如果有，就是务实的会；如果没有，就是务虚的会。务虚的会议不代表是浪费时间，反而是了解员工想法、打开工作思路的一种方式。

方法工具

工具介绍

务虚讨论会

务虚讨论会是有会议主题，但不确定会议输出的会议。务虚讨论会并不是不解决问题的会议，也不是随便召开，没有重点、没有实质内容的会议。不论是务实的会议，还是务虚的会议，都是为了解决问题而存在的，只是两者解决问题的方式有所不同。

务虚讨论会常见的 6 类主题

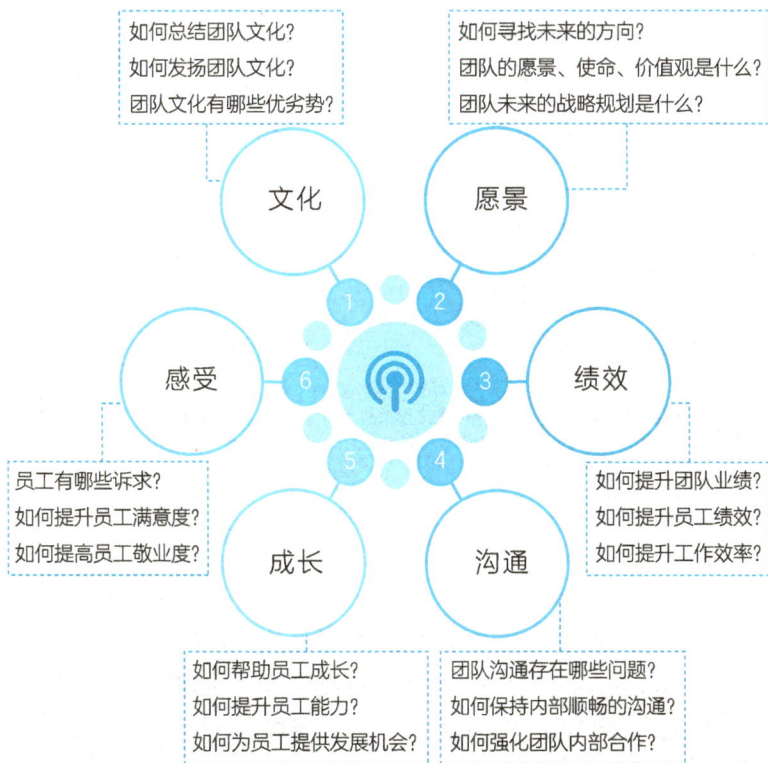

如何总结团队文化？
如何发扬团队文化？
团队文化有哪些优劣势？

如何寻找未来的方向？
团队的愿景、使命、价值观是什么？
团队未来的战略规划是什么？

文化 1

愿景 2

感受 6

绩效 3

员工有哪些诉求？
如何提升员工满意度？
如何提高员工敬业度？

如何提升团队业绩？
如何提升员工绩效？
如何提升工作效率？

成长 5

沟通 4

如何帮助员工成长？
如何提升员工能力？
如何为员工提供发展机会？

团队沟通存在哪些问题？
如何保持内部顺畅的沟通？
如何强化团队内部合作？

应用解析

开好务虚会的 5 个关键

务虚会不是放松会，要有明确的会议主题。与务实会一样，务虚会一次最好只讨论一个主题。

务虚会不是聊天会，不能天南海北、不着边际地聊天，要有重点地谈会议主题相关的内容。务虚会中的发言同样要简洁凝练。

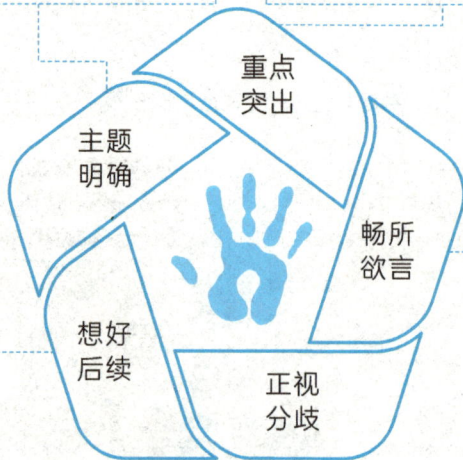

重点
突出

主题
明确

畅所
欲言

想好
后续

正视
分歧

务虚会本身不一定有明确的结果，但应该有后续的努力方向。务虚会本身不一定能让问题得以解决，但要能够为解决问题提供帮助。

务虚会中可能会出现员工意见不一致的情况，这时应正视分歧。暴露出意见分歧是好事，不要为规避分歧而争吵。

务虚讨论会的功能之一是促进思维发散，在务虚会上，要尽可能让员工畅所欲言，尽可能将内心真实的想法说出来。

小贴士

　　务虚会的最终要导向务实。为了让务虚讨论会更好地解决问题，可以将务虚讨论会安排在务实会议之前。先通过务虚会发散思维，充分拓展思路，再通过务实会聚焦，形成行动方案。